DU MÊME AUTEUR

LES CHEMINS DÉTOURNÉS, Gallimard, 1962.

MARCEL DUCHAMP OU LE GRAND FICTIF : ESSAI DE MYTHANALYSE DU GRAND VERRE, Galilée, 1975.

DELVAUX : CATALOGUE DE L'ŒUVRE PEINT (en collaboration), Société d'éditions internationales, 1975 ; La Bibliothèque des arts, 1987.

BONNARD, Screpel, 1975.

DUCHAMP ET LA PHOTOGRAPHIE, Le Chêne, 1978.

HENRI CARTIER-BRESSON, Delpire, 1982.

CONSIDÉRATIONS SUR L'ÉTAT DES BEAUX-ARTS : CRITIQUE DE LA MODERNITÉ, Gallimard, 1983 et 1989.

CHRISTIAN BÉRARD (en collaboration), Herscher, 1987.

MUSIC : L'ŒUVRE GRAPHIQUE, Centre Georges Pompidou, 1988.

LE NU ET LA NORME : KLIMT ET PICASSO EN 1907, Gallimard, 1988.

PARADOXE SUR LE CONSERVATEUR : DE LA MODERNITÉ CONÇUE COMME UNE RELIGION, L'Échoppe, 1988.

MÉDUSE : CONTRIBUTION À UNE ANTHROPOLOGIE DES ARTS DU VISUEL, Gallimard, 1989.

BRÈVE DÉFENSE DE L'ART FRANÇAIS : 1945-1968, L'Échoppe, 1989.

DE L'INVENTION SIMULTANÉE DE LA PÉNICILLINE ET DE L'ACTION PAINTING ET DE SON SENS, L'Échoppe, 1990.

Suite de la bibliographie en fin de volume

LA BARBARIE ORDINAIRE

JEAN CLAIR

LA BARBARIE ORDINAIRE

MUSIC À DACHAU

nrf

GALLIMARD

En souvenir de Georges Lambrichs

Né en 1909 à Gorizia, dans l'Empire austro-hongrois, Zoran Music est en 1944 déporté à Dachau. À la libération du camp, il s'établit à Venise et commence à peindre. En 1972, le cycle « Nous ne sommes pas les derniers » commence d'explorer les visions qu'il conserve de la vie concentrationnaire et qu'il avait jusqu'alors refoulées. En 1995, une rétrospective au Grand Palais, inaugurée par François Mitterrand, consacre une œuvre considérée aujourd'hui comme l'une des plus importantes de ce siècle.

« *J'avais déjà le pressentiment que ce monde était formé à l'ignoble image des équarrissoirs.* »

Léon Bloy

« *Was bleibt, stiften die Dichter*[1]. »

Hölderlin

Quand Music se trouvait à Madrid, en 1935, ses visites au Prado étaient quotidiennes. Il y copiait le Greco et Goya. Il y remarqua aussi une œuvre singulière de Pieter Bruegel. Elle allait bien dans le sens d'un art autrichien hanté par le macabre dont, par sa naissance, il se trouvait l'héritier. Les Habsbourg avaient collectionné les œuvres du vieux peintre flamand, Vienne en possédait un magnifique ensemble.

On y voit, dans un paysage de collines nues et calcinées, en bord de mer, des armées de

1. « Ce qui demeure, c'est le poète qui le fonde. »

squelettes qui, à l'aide de cercueils dressés devant eux comme des boucliers, repoussent le troupeau des humains affolés à coups de pique et de faucille. Bousculés, ils tombent et sont piétinés par ceux qui les suivent. D'autres sont contraints de pénétrer dans une sorte de boîte oblongue dont le couvercle est sur le point de se refermer. Tantôt ils ont les habits qu'ils portaient dans leur vie d'hier, tantôt ils en ont été dépouillés, et c'est nus qu'ils entrent dans le sinistre édifice. Sur la gauche, une charrette avance, tirée par une haridelle. Elle est remplie d'ossements, et sur eux repose une pelle. Au centre, un four laisse échapper des tourbillons de flammes et des panaches de fumée noire. Dans le fond sont dressées des roues où agonisent des malheureux, des potences où se balancent des pendus. Plus loin encore arrivent d'autres convois d'humains, encadrés par les armées de squelettes.

Neuf ans ans plus tard à Dachau, en 1944, Music deviendrait le témoin oculaire de ce qu'il avait, au Prado, vu en peinture. Il y verrait la chambre à gaz, les fours rougeoyant dans la nuit, les charrettes et leur chargement de cadavres, « durcis commes des stères de bois », écrira-t-il, les pendus aux potences, et les morts, les morts partout. Le tableau de Bruegel s'appelle en effet *Le Triomphe de la Mort*.

L'œuvre de Music se développerait, à partir de cet intersigne vu dans sa jeunesse, comme un triomphe de l'art et de ses pouvoirs sur les puissances du mal. Mais il y faudrait d'abord l'oubli d'images insupportables et refoulées au fond de la mémoire. Puis leur retour lent mais irrésistible, vingt-cinq années plus tard, dans les rêves puis sous la main, sur le papier et sur la toile. C'est à partir de 1970 qu'elles donneraient à l'œuvre de Music son sens profond, et sa grandeur.

« NOUS, SANS PATRIE... »

Music a appelé l'un de ses derniers grands fusains sur toile, en 1995, *Il Viandante,* un autoportrait à la silhouette haute et agitée. Le *viandante,* c'est en italien le passant, le passager, cette figure particulière du promeneur entre le chemineau et le pèlerin. *Peregrinus Viator,* celui qui passe son chemin, dont la démarche règle l'allant du pas et l'écoulement du temps, une cadence qui est au corps ce que le sablier ou la clepsydre sont aux éléments. Mais le *viandante,* c'est aussi l'émigrant, qui n'a pas de limite où arrêter son pas, le *Heimatlose,* l'errant, l'apatride, le sans-lieu.

Que le cheval ait longtemps été, dans les années d'après-guerre, un thème chéri de Zoran Music, cela se comprend de cet homme qui a toujours chevauché plusieurs frontières, plusieurs cultures, plusieurs nationalités, toujours incertain de savoir quelle langue il allait demain devoir parler, quel drapeau saluer, quel hymne chanter. Pareille situation, qu'incarnent les héros de Swift et de Voltaire, quand elle ne pousse pas au désespoir, oblige à la politesse du désespoir. De là, chez Music, une grâce particulière, l'hospitalité souriante et silencieuse de l'apatride.

Mais il y a plus peut-être dans ces chevaux que le signe d'une errance. Ils sont aussi la nostalgie d'un Orient perdu, vers lequel ils retournent inlassablement. Ils viennent pousser leur mufle aux portes de l'Occident, eux dont la croupe ou le flanc évoquent si précisément les petits chevaux que sculptaient les Scythes, que peignaient les Chinois. Ils sont parents des quatre chevaux de Saint-Marc. Ils traînent avec eux l'odeur d'autres déserts, d'autres plaines, d'autres mœurs. Ils évoquent d'autres splendeurs dont notre art, après Byzance, n'a pas su retrouver l'éclat. D'autres terreurs aussi, que nous avons, elles, réussi à reproduire : charniers, montagnes d'ossements, visions d'épouvante qu'on ne croyait appartenir qu'à l'Asie.

La barbarie ordinaire

« Ce que je n'ai pas dessiné, je ne l'a pas vu », écrivait Goethe. Phrase prémonitoire si on la rapporte à Zoran Music, né en 1909 aux confins de l'Empire austro-hongr et déporté à Dachau en 1944, d'où il revint pour s'installer définitivement à Venise. Ni biographie, ni analyse linéaire de ce que peut être l'art dans le combat éternel de l'homme contr l'humiliation et la négation de son être, le livre de Jean Clair est form d'une suite de réflexions et de la synthèse de quatre entretiens avec Music en 1998. A l'origine, une question : comment considérer les dessins que Music fit à Dachau et qui resurgiront dans son œuvre à partir des années 70, sentinelles exigeantes de la mémoire des camps ? Le peintre les réalisa au pé de sa vie, avec des moyens de fortune, page arrachée à un registr bout de crayon volé à un gardien,

encre diluée jusqu'à l'invisible. La plus grande partie d'entre eux ont été détruits lors de la libération de Dachau. Doit-on les considérer comme des témoignages ou des œuvres d'art, ces croquis qui montrent l'indescriptible : les cadavres empilés, les fours crématoires, les pendaisons… A nous de débrouiller les fils. A la fois résistance désespérée de la vie (et l'art est un précieux allié contre la mort), hommage à ces morts san sépulture sur la nudité scandaleuse desquels « *le peintre pose le voile miséricordieux de son regard* », et aussi refus absolu de l'entreprise de « défiguration » menée par les nazis « *J'ai fait ce que j'ai vécu intérieurement (…) Je suis peintre, que pouvais-je faire d'autre ?* », dira Music. Montaigne déjà, l'avait pensé : « *Chaque homme porte en lu la forme entière de l'humaine condition* ».

Valérie Bougau

■ **Jean Clair, *La barbarie ordinaire, Zoran Music à Dachau*, éd. Gallimard, 176 p., 85 F.**

L'Occident commence où s'arrête leur marche, aux frontières de l'interminable plaine hongroise. Et la lumière qui les éclaire est celle du crépuscule.

Quand Zoran Music est né, au début du siècle, l'Europe était encore, comme l'avait appelé Stefan Zweig, *die Welt der Sicherheit*, le monde de la sécurité. Le milieu lettré qu'il décrit, c'était un peu celui, plus modeste mais aisé, dont Music était issu, une famille de vignerons et de maîtres d'école, à Gorizia, l'ancienne Görz, dans les collines du Collio, à la frontière de l'Italie et de l'ancienne Yougoslavie. On y parlait le slovène et l'italien ; l'allemand était d'usage dans les documents administratifs ; le français dans la bourgeoisie ; on entendait aussi souvent des mots de russe, de croate, ou de ces langues que les Balkans multiplient. À ce tournant du siècle, l'Opéra, universel par sa musique, polyglotte par ses livrets, « œuvre d'art total », fut peut-être la forme la plus raffinée que la culture cosmopolite et optimiste d'Europe centrale avait produite. Et à laquelle deux ans, entre les guerres balkaniques, le naufrage du *Titanic* en 1912, et le déclenchement de la Grande Guerre, suffirent à mettre fin.

À l'âge tendre où les souvenirs s'impriment profondément dans la mémoire, Music fut le témoin de cet effondrement. Né sur les bords de l'Empire, là où les langues, comme les bras d'un fleuve, se mêlent et se confondent, il fut ballotté, tel Charlot à cloche-pied dans *L'Émigrant*, d'une frontière à l'autre. Plus dangereusement, il fut sommé d'adhérer aux idéologies du temps. C'est ainsi qu'après avoir été fortement invité, en raison de sa belle prestance et de sa taille, à s'enrôler dans les S.S., il paya son refus d'une déportation à Dachau. *Anus mundi*, disaient de ce lieu ses maîtres — où langues et nationalités, finalement, tombaient dans le néant, en même temps que les vêtements, les cheveux, les parures et les autres signes distinctifs qui font d'un être humain un homme.

Rien cependant, dans ses lectures, ses amitiés, ses curiosités et enfin ses refus ne vint jamais démentir la liberté spirituelle du *viandante* qu'il était, voulant ignorer, jusqu'à risquer sa vie, l'artifice meurtrier des frontières et leur emprisonnement.

C'est ainsi qu'à quarante ans, *nel mezzo del cammin*, Music eut à choisir une seconde fois sa carrière. Il quitta l'Italie et Venise, sa seconde patrie, pour venir vivre en France. La légende encore vivace de l'École de Paris, l'influence de Massimo Campligli, son ami, l'exemple de tant d'autres écrivains qui, d'Alberto Savinio à Pieyre de Mandiargues, avaient choisi une double appartenance de part et d'autre des Alpes, l'attention d'André Chastel et de Marcel Arland, de Jean Bouret aussi, critique oublié, tout l'avait poussé vers la capitale française. À Venise même, la Biennale, dans cette décennie de l'après-guerre, affichait une francophilie inattendue qui lui faisait rendre hommage, de deux ans en deux ans, à toutes les gloires artistiques de Paris, alors que New York avait décidé que la France n'existait plus.

Mais il y avait dans ce voyage comme un malentendu. Pour longtemps il brouilla l'image que l'on se faisait, tant en Italie qu'en France, de Music et de sa peinture. On voulut voir en lui un paysagiste abstrait, tantôt un représentant italien de l'École de Paris, tantôt un Byzantin perdu sous les brouillards du Nord, l'auteur discret d'une petite musique délicate et singulière dans la cacophonie de l'abstraction germano-pratine.

Italien, Music l'était sans doute, mais sans que cela signifie grand-chose dans ce pays qui, du général, ne veut rien connaître pour ne se délecter que du lieu et de l'instant présents. Abstrait, d'ailleurs, il ne l'avait jamais été. À cet héritier des Sécessions d'Europe centrale, la modernité parisienne, habile à manipuler les formes, pour lui si respectueux de les garder, prodigue à multiplier les couleurs, pour lui l'homme fidèle aux ocres et aux terres, demeurait profondément étrangère.

En fait si la guerre n'était pas venue tout bouleverser, c'est sans doute à Munich, naturellement, de l'autre côté du Brenner, que ce Slovène aurait tenté sa chance. Son maître Babic, à Zagreb, un disciple de Stuck, lui avait fait aimer Georg Grosz et Otto Dix, dont ses premières gravures s'étaient directement inspirées. À vingt ans, c'est Klimt et Schiele qu'il découvrait à Vienne. Aussitôt après, le long séjour à Madrid ne fit que confirmer son affinité pour un art qui, dans ses déformations, griffait une morphologie du corps humain si singulière qu'on n'en trouve aucun équivalent en Italie ou en France. Mais il y retrouvait aussi un art qui marquait, on l'a dit, pour le macabre et pour la mort, un attrait fait d'horreur et de fascination. C'est là qu'il puiserait un enseignement assez puissant pour le préparer à ce qui l'attendait.

Dans cette culture danubienne — et l'on ne retrouvait cela en effet qu'en Espagne —, dans cet espace culturel qui, recoupant les frontières du Saint-Empire, s'étendait de Madrid à Vienne et à Trieste, et dont Venise durant trois générations avait fait partie, un sentiment baroque de la chair s'opposait à l'ascèse de l'abstraction conceptuelle du luthéranisme du

Nord comme il s'opposait au rationalisme analytique des Français autant qu'à l'élégance de la *maniera* italienne.

ECCE HOMO

Les nus de Music, ni héroïques ni érotiques, plutôt que des nus, seront ainsi des corps mis à nu. Figures solitaires de philosophes ou de stylites, avatars de la *Vanitas* baroque, ce sont des mortifications plus que des glorifications. Mobiles, élastiques, noueux, allégés parce qu'ils obéissent à l'ordre de l'esprit, non aux désordres du désir, ces torses étrécis aux côtes saillantes, ces membres élongés qui ne respectent plus les règles d'un *nomos*, ces attaches fines, près de se rompre comme des brindilles, ces mains aux doigts très longs et qui voltigent convoquent une théorie d'effigies semblables. Music, citoyen de la Cacanie de Musil, est l'héritier de ces peintres du corps qui, du Greco à Schiele, de Klimt à Boeckl, de Goya à Kokoschka, ont déroulé une danse macabre d'effigies au torse étiré et aux membres élongés et grêles, sans rien pourtant en eux d'effrayant. Cette chair précaire, dont aucune loi de construction ne garantit la survie ni aucune règle d'harmonie la perfection ou la perpétuation, est toujours là saisie comme au seuil de la *rigor mortis*.

Contemplant ces mains longues et fines, aux doigts repliés selon une contracture qui, loin d'être un maniérisme obéissant à un code immuable, semble plutôt répondre à un signal obscur du corps, j'ai souvent pensé à ce pont fait de paumes, à ces mains pontifes jetant sur le vide un geste d'affection et de salut, qu'on voit dans le double portrait de Kokoschka, d'*Erica et Hans Tietze Conrat*. La formule chez Music apparaît ainsi toujours dictée par une nécessité intérieure, un mouvement interne, né au fond de l'être, un éboulement, une avalanche, une rupture dans le cœur ou l'esprit, et qui se traduirait, en surface des chairs, par une altération, une érosion, une fragmentation ou une fibrillation des traits et des surfaces, tels que jamais le dessin du corps n'apparaît en repos. Non seulement les traits, mais encore le galvanisme, la contracture, qui les tétanise ou qui les relâche, la vibration intérieure qui, au lieu qu'ils figurent sur la toile ou le papier déposés ou reposés de toute éternité, selon les lois d'une harmonie ou d'une symétrie rigides, entretient en eux une inquiétude qui les fragmente, les morcelle, les feuillette, en déplace sans cesse l'assise.

C'est encore à Kokoschka, et de manière inattendue à la silhouette des *Garçons rêveurs*, que l'on pense devant les nus de vieillards de Music qui, de l'enfance, ont gardé la minceur, la gracilité et le déhanchement. Ils semblent nous dire que l'énigme de la naissance et de la jeunesse n'est pas moindre que celle de la décrépitude et de la mort.

Avant Kokoschka, Klimt, dans *La Médecine*, avait su dessiner des corps de vieillards, le dos voûté, le cou courbé, la chair affaissée, d'un naturalisme impitoyable. Egon Schiele s'en souviendrait à son tour dans ses anatomies convulsées, tétaniques, les derniers avatars d'une vérité physiologique du corps que Maulbertsch, à l'âge baroque, avait été en Autriche le premier peut-être à saisir. Music, à bien des égards, en est l'héritier.

Mais, outre l'expressionnisme viennois et avant lui, dans la peinture classique, d'autres exemples encore pouvaient enseigner à Music cette inquiétude du corps, si éloignée de la certitude italienne de la *bellezza*, comme éloignée de la raison française qui, depuis Poussin, construit les corps comme on mesure des éléments d'architecture.

L'exemple vénitien, à son arrivée après guerre dans la cité des Doges, avait pu, à l'occasion, le confirmer dans le sentiment mittel-européen d'un corps périssable.

La Renaissance s'était plu aux représentations de nus masculins. L'iconographie antiquisante fournissait la satisfaction de contempler de jeunes hommes, pubères ou athlétiques, dans l'éclat ou la force de leur adolescence ou de leur maturité. Si inhumains dans leur perfection que, soumis au supplice, ces membres glorieux ne semblaient pas atteints dans leur intégrité. La douleur n'était là que le paroxysme de leur beauté. Saint Sébastien lié à son poteau s'expose sous l'œil d'un Dieu païen, observateur amoureux des formes. Et les flèches, plutôt qu'elles ne le blessent, sont les aiguilles d'une planche d'anatomie découvrant avec complaisance les muscles et les viscères. Elles pointent ligaments et muscles avec la même douceur et la même précision, avec la même indiscrétion aussi que le doigt du professeur, devant son auditoire, suit le profil d'un triceps.

Jusque-là, les représentations de vieillards demeuraient exceptionnelles. C'est Bellini qui, dans *La Dérision de Noé*, nous en offre sans doute le rare mais d'autant plus émouvant exemple, en écho au chapiteau sculpté du Palais ducal qui représente le même sujet. Une infinie tendresse imprègne ce corps livré au regard ironique des enfants, là où son portrait de vieille femme, baptisé par la tradition *Col Tempo*, demeurait implacable. C'est la première fois peut-être — au moins depuis le pseudo-

Sénèque mourant du Louvre, à l'époque hellénistique — qu'on osait représenter la réalité d'un corps décrépit, où la précision anatomique du regard s'allie à la commisération du cœur.

Il faut attendre Réforme et Contre-Réforme, le sentiment nouveau de la pitié suscitée par la pratique des exercices spirituels d'Ignace de Loyola, pour passer de la représentation du héros juvénile et glorieux à la représentation du vieillard livré à sa nudité dernière. Les grandes figures de martyrs, sous le prétexte pieux de leur supplice, nous introduisent à une méditation sur le corps âgé et souffrant que les forces abandonnent. Saint Jérôme au désert, saint André et saint Antoine livrés aux bourreaux, saint Barthélemy éventré : autant de nudités dévoilées au regard, comme Noé aux yeux de ses filles.

Plus que nus, déshabillés, plus qu'affaissés, défaits sont donc ces nus admirables dont Music reprendra la tradition. Rien n'est dissimulé des plis des bras, des ventres gonflés, des chairs molles, des membres grêles, des plaies, des lésions, des disproportions, des disharmonies d'un corps à son déclin, qui se dérobe, se rétracte sous le rhumatisme ou s'enfle d'humeurs. Et les outils du martyre, la croix, le chevalet, les palans, les moufles et les cordes, sont là comme les préfigurations grossières de ce que seront de nos jours les instruments de contention, de prothèse ou d'orthopédie, dont on use pour redresser, allonger, conforter un organisme qui se tasse, se disloque, se défait, et perd peu à peu la conscience de son schéma corporel.

Car il s'agit toujours, en dernière instance, de faire parler le corps, de le questionner, de le pousser à ses dernières extrémités, pour le faire avouer. Or, c'est un corps nu, juvénile et glorieux qui sort du puits pour dire la vérité, comme si, au regard d'une esthétique née sur les bords de la Méditerranée, le Beau avait toujours été assimilé au Vrai. C'est une autre interrogation que posait cette esthétique du cœur de l'Europe. Que veut dire un corps âgé, souffrant, agonisant, soumis à la vieillesse ? *Ultima verba.* Quelle question subit-il, dans la nuit de la douleur ?

De ce passage de l'homme de gloire à l'homme de douleurs, d'une académie juvénile à une anatomie séviciée, la figure du Christ marque assez remarquablement le passage. Les étapes biologiques de l'homme, il les incarne, en tant que fils de l'Homme, de l'enfant vigoureux et sexué que présente sa mère à l'adolescent rayonnant puis à l'adulte que l'on comparera à l'Apollon classique, enfin au corps défait et disloqué, prématurément vieilli, du moribond descendu de la croix. Du nu élastique que porte la mère au nu raidi, tétanisé, qu'elle tient en son giron, une séquence s'illustre, dans une série de tableaux terriblement concrets. Le destin même de l'homme, de l'enfance à la sénescence.

Et c'est souvent la même posture que prendra le corps de l'homme vieilli chez Music, la même pliure du bassin, le même bras droit pendant et touchant terre, Pietà laïcisée.

C'est d'ailleurs très proche de son atelier du *Dorsoduro* qu'on trouvera l'un des modèles qu'il a le plus aimés et regardés, la *Pietà* de Titien, à la galerie de l'Académie, sa dernière œuvre, peinte pour la chapelle du Christ aux *Frari*. Titien espérait en échange qu'on lui donnerait là sa propre sépulture, et voulait y perpétuer « *l'antica devozione del Crocefisso* ».

Comment, face à ce corps pantelant, ne pas évoquer les derniers nus de Music ? Non que le modèle fût voulu comme tel, qu'il serait venu, en voisin, « copier », mais ce fut plutôt l'image insistante, dès son arrivée à Venise en 1945, d'une des images les plus saisissantes que la peinture occidentale nous ait laissées. La facture même de Music, si singulière, s'explique à considérer celle du grand Vénitien, cet « impressionnisme magique » dont parle Longhi, cette façon de travailler comme avec une poussière colorée, une couleur faite lumière, déposée selon les tracés du corps.

L'époque moderne s'est souvent détournée de la représentation du nu sénile. Peu de peintres ont osé se peindre sous l'aspect des dernières années. Bonnard, pourtant, dans la solitude du petit matin, face à la glace du cabinet de toilette, avec une infinie mélancolie a osé ce face-à-face, mêlant tour à tour l'abattement et la fureur, la tristesse ou la rage, dans une cruauté qui n'a d'égal que les derniers autoportraits de Munch. Rage et fureur aussi, mêlé de bouffonnerie et de sarcasme à l'espagnole, dans les portraits que Picasso trace de lui dans son grand âge. Le genre se perpétuera cependant plus fréquemment au nord, si l'on songe aux terribles vieillards d'Otto Dix, aux nus disséqués de Boeckl, à ceux de Lucian Freud aujourd'hui.

En cette fin de siècle, ces grands corps nus de Music, qui, péniblement, s'assoient ou se redressent, qui s'essaient à l'usage de leurs membres, qui se lavent, se frictionnent ou s'étirent, livrent eux aussi autre chose qu'un souci formel ou stylisé de lutter contre l'usure du corps. Dans leur agitation, dans leur gesticulation, ils affirment la puissance de l'esprit sur les pouvoirs de l'obscurité et de la souffrance. Ils sont comme autant de Lazare levés du cercueil de bois blanc.

Un bras démesurément dressé, un genou qui s'extrait des profondeurs, une jambe qui s'allonge vers nous : toute une gestuelle est réanimée qui nous rappelle d'autres résurrections. Un regard direct, intérieur, les anime, qui ne croit pas que l'art soit là pour rédimer l'usure du temps, mais au contraire pour nous rappeler, sans tarder, son empire.

LA LEÇON D'ANATOMIE

À Zagreb, aux Beaux-Arts, dans les années 30, Music, comme il était d'usage, avait appris à disséquer les cadavres. On peut s'étonner d'avoir accordé si peu d'importance au fait que cette pratique, aussi ancienne que l'art de peindre, ait disparu de l'enseignement artistique après la Seconde Guerre. C'est encore en Autriche même qu'elle semble se perpétuer le plus longtemps : on songera à l'étonnante série des *Leçons d'anatomie* que dessine et peint Herbert Boeckl au début de ces mêmes années 30 à Vienne.

Quelque explication qu'on ait pu avancer pour justifier la disparition de cette discipline, cette éclipse de l'homme en l'homme, ce refus d'*envisager* l'homme et ce besoin d'éloigner de l'atelier ses traits, de se détourner de son face-à-face, demeurent un des accidents les plus singuliers dans sa *désinvolture* que l'histoire de l'art ait connus.

Les charniers découverts en 1945, surimposés aux images héroïques des nudités de Breker, de Thorak, ou de Ziegler, avaient introduit un doute énorme. L'ère du soupçon n'était pas seulement celui du langage. Il s'étendrait à la figuration. Le triomphe du nazisme, c'est d'avoir fait perdre la face à l'homme. Ou, si l'on veut, son aplomb, son assurance, sa *contenance*. Comme une enveloppe trouée, tout fuirait, tout s'écoulerait. Des peintres qui, avant la guerre, avaient su affronter la stature humaine, Otto Dix ou Beckmann, aucun ne semblait plus, après la guerre, capable de surmonter l'épreuve. Leur peinture se ferait acide et dissonante, et leurs visages des masques dérisoires et figés. Ne demeureraient du maintien humain que des silhouettes indécises et cruelles. Grüber, Giacometti chez nous, Hofer en Allemagne. Plus carrément, on opterait pour l'abstraction. Après tant de théories sur la physionomie, sur l'art de reconnaître et de dénoncer son prochain, il était resté la peur de considérer plus longtemps les caractères propres à l'humain, ses traits, ses humeurs, ses passions. Mieux valait l'abstrait, là encore, que le risque du faciès.

Il y aurait un apophatisme de l'horreur comme il y a un apophatisme du divin. Ces choses-là ne peuvent se dire ni se voir, pas plus qu'on ne peut décliner les attributs de Dieu, ni regarder les dieux face à face.

Un dialogue de Platon introduit cependant à une réflexion autre. Dans *La République*, Socrate nous dit que l'horreur, c'est précisément ce qui est désirable. Léontios, fils d'Aglaïon, remontant du Pirée, à l'extérieur des murs de la cité, « s'aperçut que des cadavres gisaient près de chez l'exécuteur public ; à la fois il désirait regarder et, à la fois, au contraire, il était indigné et se détournait ». Luttant contre lui-même, tantôt, dit Socrate, il se serait couvert le visage, mais décidément dominé par le désir, il aurait ouvert grand les yeux. « Et les yeux, ce sont eux, finalement, qu'il apostrophe, ses propres yeux exorbités, pareils à ceux de puissances diaboliques : "Voici pour vous, dit-il, génies du mal, rassasiez-vous de ce beau spectacle [1]." »

Un beau spectacle pour les yeux, donc, celui de ces cadavres empilés : l'horreur serait aussi une catégorie esthétique ?

Music, en attendant, serait-il devenu le témoin oculaire de ces tueries si l'enseigne-

1. Platon, *La République*, livre IV, 439c/440a.

ment des Beaux-Arts, dix ans auparavant, ne l'avait préparé à *voir* ce qu'il aurait à voir ? La question peut se poser. Qu'aurait-il vu, qu'aurait-il retenu s'il n'y avait pas eu, en préalable, la pratique, même fragmentaire et maladroite, de la table de plomb et du prosecteur ?

À cet égard, la phrase de Goethe, *Was ich nicht gezeichnet habe, habe ich nicht gesehen*, « ce que je n'ai pas dessiné, je ne l'ai pas vu », prend une résonance singulière. Il y a en effet dans l'inscription du dessin quelque chose du serment que prête un témoin : on voit sous le sceau du dessin. C'est armé de la leçon du dessin que Music pourrait à Dachau assumer la qualité de témoin. La pratique de la dissection avait été la préparation inconsciente au témoignage.

À quelques lieues de Gorizia, Rilke — Rilke dont la mère de Music, institutrice, croisa plusieurs fois la silhouette dans le café de Duino — avait écrit les premiers vers de la première *Élégie* :

Denn das Schöne ist nichts als des Schrecklichen Anfang...

« Car le Beau n'est encore que ce début du terrible... » Parlant des cadavres empilés à Dachau, de ces stères alignés, non de bois mais de chair, Music dira qu'il eut devant eux

la révélation soudaine d'une beauté tragique. Le temps, le froid, les intempéries les avaient vidés de leurs humeurs. Desséchés, ils étaient pareils à des fleurs japonaises, teintés d'un bleu et d'un blanc exquis. Dans ces cadavres fragiles à la chair transparente et froissée comme un tissu précieux, un papier de soie ou un papillon, il y avait, dans le lacis des veines encore visible, dans le geste des doigts repliés comme une griffe de petit oiseau, quelque chose qui s'apparentait à une grâce, que le dessin ne devrait pas trahir. Une grâce à respecter, comme un dernier hommage à ce qui restait d'humain, de beau, dans ces formes. Music souligne ainsi la fragilité déchirante de ces cadavres, disposés sur le sol, « blancs comme la neige sur la montagne, ou encore, dit-il, comme des mouettes sur la mer ».

La grâce ? Beauté indicible, grâce de l'épouvante, grâce de ces corps blancs et transparents, pareils à des chrysalides qui se préparaient à une ultime et indicible métamorphose. Le mot semble si contraire à cet univers de la perdition. *Grata Venus*, la gracieuse Vénus, *grata loca*, des lieux où l'on aime à séjourner. Dire cela de Dachau et de ses cadavres ? Une grâce pourtant, mais entendue comme gratitude, reconnaissance. Non la rédemption, non la contrition, mais plutôt, au-delà de l'horreur et de la souffrance, la fureur et la piété, Job sur son fumier, ou la figure d'un des grands prophètes, Jérémie devant Babylone, le manteau soulevé par le vent de la colère et par l'urgence de témoigner.

Le mot grâce viendrait d'un groupe indo-iranien à valeur religieuse, du sanscrit *g'ir*, qui signifie quelque chose comme un chant de louanges.

LE FACE-À-FACE

Multiples étaient les procédures qui retiraient au détenu la propriété de son visage. Music se souvient que les Russes avaient été classés comme les Juifs dans la catégorie des « sous-hommes » et que les Italiens, considérés comme des traîtres après la défection du Roi et de Badoglio, étaient l'objet d'un traitement particulier. Ce n'était pas toutes les trois semaines comme aux autres prisonniers mais chaque semaine qu'on leur rasait la tête. Une marque d'infamie supplémentaire leur était appliquée : ne subsistait, large de cinq centimètres, qu'un sillon courant au sommet du crâne, comme la tonsure des Indiens. Ainsi devenaient-ils reconnaissables de loin.

Le principe était simple : le détenu devait être à tout instant visible de tous, alors même qu'on lui avait ôté son identité. Visible, repérable en tout lieu — et n'était-ce pas là l'inverse des procédés de camouflage qui permettaient, sur le champ de guerre, de se dissimuler à l'ennemi ? —, il n'avait pas le droit de voir. Croiser le regard d'un Allemand était bien sûr interdit, comme il était interdit de lui adresser la parole. S'il avait encore une tête, il n'était déjà plus un visage. Et, dans les semaines qui précédaient sa mort, au terme de l'épuisement physique, la tête elle-même disparaîtrait, remplacée par le masque uniforme du « musulman » ou du « crétin »[1] que portaient tous les moribonds et qui, une dernière fois, ravalait à rien les traits qui distinguent un homme de son semblable.

Dans le vocabulaire du camp, le détenu était *ein Stück*, une pièce. Quand l'un d'eux mourait, les S.S. disaient : « Il nous manque une pièce. Il n'y a que 213 *Stücke* alors qu'ils devraient être 214... » Celui qui débarquait au camp n'était pas appelé *ein Zugänger*, un nouvel arrivant, mais « *ein Zugang* » — un nouvel arrivage[2].

1. On appelait à Dachau *Kretiner*, crétins, les détenus parvenus au dernier stade de la consomption, les morts vivants, ceux qu'on appelait les « musulmans » à Auschwitz (voir note 2, p. 75, et note 1, p. 145).

2. Joseph Rovan, *Contes de Dachau*, Paris, Julliard, 1987, p. 61.

Ce vocabulaire abstrait de l'efficacité technocratique a désormais envahi notre quotidien. Quand, au début des années 80, les « services du personnel » ont été remplacés dans la nomenclature des administrations privées et publiques par les « départements des ressources humaines », on a pu penser que le nazisme qui avait perdu la guerre avait en revanche gagné les esprits. Au détour d'une expression, la « personne » avec son poids de chair disparaissait, au bénéfice du terme abstrait « ressource », qui désigne charbon, pétrole ou minerais, les gisements matériels, bassins ou veines, dont un État tire son énergie. Si l'abstraction dominait les arts, elle avait aussi, plus insidieusement, envahi la langue.

C'est aussi le terme de « gisements » qu'on n'hésitera pas, bientôt, à employer à propos de ces biens spirituels que sont les collections des musées, les monuments, les éléments du patrimoine quand ils sont envisagés sous l'angle de l'exploitation marchande. La cathédrale, le triptyque, le morceau d'opéra devenus des « gisements » pour une improbable « industrie des loisirs » deviendraient les signes de cette barbarie technocratique insidieuse venue droit de la pratique de la vie concentrationnaire.

Il se rencontrera encore dans le recours incessant à l'euphémisme, qui avait caractérisé la langue du IIIe Reich [1] et qui caractérise aujourd'hui le vocabulaire de la rationalité économique nue : on parlera de « dégraissage » là où naguère il s'agissait d'individus qu'on réduisait au chômage : l'image est d'une machine qu'on nettoie de ses impuretés. Rapporté au corps, le « dégraissage » évoque cependant fâcheusement les *Figuren* [2] de la vie concentrationnaire où le déficit calorique quotidien laissait au prisonnier une espérance de vie de cinquante à soixante jours [3]. Le résultat de ce « dégraissage » n'est sans doute, dans la société contemporaine, ni spectaculaire, ni rapide, ni sans doute si tragique. On ne laisse plus mourir de faim. On laisse seulement à la limite. Il est néanmoins tout aussi cruel : S.D.F. et R.M.Istes, noyés dans la masse et presque invisibles, sont les *Kretiner* version « soft » de la société d'abondance.

1. Nous nous référons ici à l'ouvrage de Victor Klemperer, *Lingua Tertii Imperii — La Langue du Troisième Reich. Carnets d'un philologue*, Paris, Albin Michel, 1996.

2. Voir note 1, p. 64.

3. Voir Léon Poliakov, *Auschwitz*, Paris, Julliard, 1964, p. 202 sq. Si Poliakov analyse la mort par inanition dans un camp d'extermination, les conditions à Dachau, dans les derniers mois, étaient comparables, concernant la survie des « *Kretiner* ».

L'habitude, à leur propos, de désigner par des sigles abstraits ceux qu'on appelait naguère des « pauvres » ou des « clochards », trahit aussi un usage de l'abréviation qui fut l'un des traits spécifiques de la langue du IIIe Reich : B.D.M., H.J. [1], D.A.F., R.S.H.A., *Blubo* [2], *Hib-Aktion* [3], etc. « Aucun style de langage d'une époque antérieure, remarque Klemperer, ne fait un usage aussi exorbitant de ce procédé que l'allemand hitlérien. L'abréviation moderne s'instaure partout où l'on technicise et où l'on organise [4]. » Aucun ? À lire les bulletins des ministères, des organismes officiels, ou des « communiquants », on peut remplacer « allemand hitlérien » par « français moderne » : l'infection a gagné tous les esprits. Un nazisme ordinaire, sans doute, distillé, moins virulent que le modèle. Un nazisme pourtant, aussi mortel à long terme. Celui qui utilise un sigle, non seulement euphémise la réalité, mais encore se donne le sentiment réconfortant, par un savoir spécial, d'appartenir, en tant qu'initié, à une communauté particulière. Le souci de la brièveté, indispensable à la rationalité

1. *Bund Deutscher Maedel*, Ligue des filles d'Allemagne ; *Hitler Jugend*, Jeunesse hitlérienne, etc.

2. Abréviation nazie pour désigner l'idéologie du *Blut und Boden*, le sang et le sol.

3. *Idem* pour *Hinein in die Betriebe*, mot d'ordre pour « Tous à l'usine ».

4. *Op. cit.*, p. 130.

technique, s'allie ainsi au sentiment mystique d'appartenir à un cercle d'élus, tout en s'épargnant la peine de devoir énoncer une réalité pénible.

Innombrables, les victimes de ce jeu sémantique sont consentantes. Hier gardiens de magasin, surveillants de collège, moniteurs, infirmiers, possédant un métier et des responsabilités précises, ils se rengorgeront d'être demain appelés « techniciens de surface », « ingénieurs de la sécurité », « interlocuteurs de proximité », « agents d'ambiance », « coordinateurs de la petite enfance » ou « auxiliaires de vie »…

La litote, usée comme le cache-misère d'une réalité pénible, trouve son pendant dans l'hyperbole des titres décernés, aussi dérisoires que ceux qui, du *Kapo* au *Blockältester*, du *Vorarbeiter* au *Prominent*, réglaient la hiérarchie bouffonne des camps. C'est ce que Victor Klemperer, analysant la langue technocratique des nazis, avait appelé « la malédiction du superlatif[1] ».

Mais le besoin de figurer reste plus fort que l'abstraction du langage. La figuration ne renonce jamais. Face aux mots d'ordre de la langue des brutes, elle redevient d'autant plus

1. *Op. cit.*, p. 277 sq.

péremptoire. Devant ces épouvantes, Music se souvenait d'avoir été un peintre. Interdit, effrayé, privé de mots devant les cadavres, le vieux besoin de figurer remontait en lui. Si témoignage il y avait, il passait par le regard. Le peintre avait en charge ces corps dont personne ne s'occupait, à qui nul ne rendrait le devoir de les ensevelir. Il les portait dans ses yeux comme on porte un corps dans ses bras. Les regardant, il leur témoignait les derniers égards. Les dessinant, il les voyait. Les découvrant, il posait sur leur nudité scandaleuse le voile miséricordieux du regard.

La scène primitive serait la scène figurative. Donner figure à ce qui ne peut pas se laisser voir [1]. L'énigme du premier rapport sexuel au regard de l'enfant, qui ne peut dire ce qu'il imagine. La premier accouplement, alors que nous ne possédions pas encore de mots pour le décrire, aurait fait naître en nous le besoin de figurer. Et si c'était plutôt la scène dernière ? Si c'était la mort, plus invisible, plus insoutenable que le soleil et la copulation, d'où était né le besoin de la figuration ? La mort, mystère plus grand que la sexualité, a fait naître en nous, impérieux, le besoin de ce que, aujourd'hui, nous appelons « art ».

1. Voir Pascal Quignard, « Images entêtées », in *Picasso érotique*, catalogue d'exposition, Paris, R.M.N., 2001.

Confronté aux cadavres dont il éprouvait l'urgence, Music retrouvait la tradition romaine des *imagines maiorum*, les effigies des ancêtres, l'obligation faite aux vivants de façonner et de garder l'image du défunt auprès d'eux — une statuette de cire ou d'argile, un portrait — pour qu'après sa disparition, nos yeux en gardent le souvenir.

C'était aussi, cette « grâce » que l'art nous donne, un moyen de vivre en paix avec soi, de survivre en paix. On pouvait se sentir coupable d'avoir survécu, non d'avoir témoigné. « Je suis en paix avec moi-même parce que j'ai témoigné », devait dire Primo Levi [1].

LA VIE À VENISE

Cette proximité aveuglante de la la mort et de la beauté, de l'horreur et de l'éclat, Venise en offre en Occident une image acceptable. Une approximation civilisée, une suggestion courtoise, une invite à considérer sereinement l'irrémédiable.

Il était dans l'ordre des choses et de la proximité des lieux qu'après Dachau, Music s'y

1. Primo Levi, *Si c'est un homme*, trad. de l'italien par Martine Schruoffeneger, Paris, Julliard, p. 219.

sentît chez lui. L'appréhension de la beauté serre le cœur, comme apprendre un deuil intime. Elle est la manifestation d'un désastre, autant que d'une perfection. Or c'est ce même sentiment de deuil qui nous pousse à rechercher le réconfort de la beauté. Un même mouvement nous fait donc saisir dans la beauté le voisinage menaçant de la mort et dans la mort le nécessaire recours à la beauté.

Ainsi de ces peintures vénitiennes, dans le froissement des pigeons et l'écho aigrelet des carillons, dont la vulnérabilité procure au spectateur autant l'envie de pleurer que de se délecter. Rayonnant sous l'éclairage de la mort, ces fragiles constructions gagnées sur l'horreur ne demandent pas qu'on s'arrête à trop les contempler, lors même qu'il faut à tout prix en prolonger l'illusion.

Illusion ? Ayant séparé par une mince bande de sable, sur laquelle ont poussé les ors et les marbres, le gouffre des eaux du gouffre du ciel, Venise à sa façon raconte une genèse. Mais simplement humaine, sa création voisine avec le cataclysme et la perdition. Comme dans les récits anciens, le déluge la menace, le feu et le soufre, qu'on voit jour et nuit brûler à Marghera, de l'autre côté de la lagune. Rutilante, elle attire sur elle la menace d'un dieu jaloux. À plus forte raison décourage-t-elle toute autre création. Peut-on vouloir ajouter de la beauté à la beauté quand celle-ci, portée à son extrême, dévoile à chaque instant la vanité de l'entreprise ? Peindre à Venise suppose, avec le néant sur lequel elle est bâtie, une longue familiarité.

Music dirigerait plus volontiers ses pas vers des quartiers moins éclatants. De cette Venise industrieuse des confins, qu'on découvre au-delà des Zattere et du canal de la Giudecca, faite de brique et de fer, enveloppée de rouille et de fumée, il a tiré, au début des années 80, l'une de ses plus belles séries de tableaux.

Quand le vaporetto longe la Giudecca, défilent ainsi de petites maisons, guère plus hautes de un à deux étages, pauvrement construites. Des crépis d'ocre jaune et rouge alternent avec des verts qui vont du céladon à la pistache. Leurs ouvertures sombres, bordées d'un listel de travertin, se groupent par deux ou par trois, parfois en s'alignant, parfois en se décalant légèrement. L'une d'elles, par moments, s'isole et se met à l'écart. Ici et là un oculus ponctue la surface, inattendu. Ces grandes partitions aux tons légers de terre que griffent ces portées blanches, ces rondes et ces bécarres, glissent doucement sous le regard avec la vivacité régulée d'un *estro armonico*. Music en a traduit l'allégresse et la surprise, sans oublier leur humilité.

La graphie musicale de leur surface s'accompagne cependant d'une ordonnance architecturale de leur profondeur. Des porches, des *calli* obscures trouent la continuité des murs, comme des instants de silence. Des silhouettes furtives s'y inscrivent, des ombres s'y insinuent, apparitions nées du soleil de midi dont on ne réussit guère à savoir le degré de réalité. Music se montre ici fidèle à la *metafisica*, qui n'a jamais tout à fait quitté l'art de l'Italie. Ailleurs encore, des *sottoportici*, sombres et bas, conduisent à des combles, à des décharges, à des cours désertées, qui disent à l'évidence que ces murs d'une si belle envolée ne sont que des décors dressés devant des ruines, ou devant des charniers.

CAPRICCI ET *DISPARATES*

Les dessins que Music a faits à Dachau en 1944 et qui deviendront les sources de l'œuvre future, comment donc les considérer ? Qu'en faire ? Œuvres d'art ? témoignages ? preuves ? reliques ? Ils n'appartiennent pas au monde accoutumé des musées. Ils appartiennent à peine à l'histoire de l'art. À vrai dire, ils n'appartiennent à rien. À jamais inappropriés. Disons plutôt qu'ils reviennent. Ils reviennent d'un monde dont nous ne voulons rien savoir, rien entendre, rien voir. Ils sont la face obscure ou silencieuse de l'art, celle qui ne se montre pas, parce qu'elle est celle que l'art lui-même ne peut éclairer.

L'art a domestiqué tous les domaines du monde visible et invisible, les animaux, les plantes, les mers et les prairies, les cités et les déserts, les monstres, les anges, les démons et les dieux — même les chiens, selon le mot de Rimbaud. Mais il ne semble pas avoir domestiqué l'horreur.

Depuis son origine, il y a quinze ou vingt mille ans, la peinture a partie liée avec la mort. Papier d'emballage, feuillets arrachés en douce aux registres de la S.S., morceaux de crayon dérobé aux architectes, un peu d'encre diluée dans de l'eau pour la faire durer, jusqu'à ce que le lavis devienne invisible..., vouloir dessiner, c'était ici affronter le pire des dangers. La nuit, enfermé dans le *Revier*, l'infirmerie où les gardiens n'entraient pas par peur de la contagion, il y avait à la fois le répit, le silence, et les sujets. Le lieu où Music célébrait les apparences du vivant était l'antichambre même de la mort.

Les matériaux précaires, l'inscription périlleuse, la fragilité du graphisme apparentent ces dessins aux premiers traits tracés par l'homme, avec un peu d'oxyde ou de noir de fumée sur des parois rugueuses. La volonté de témoigner dans les camps de la mort, quand semblait échu le terme de l'humanité, était redevenue pareille à celle éclatant en son aurore. L'humanisme n'aura peut-être été qu'une courte parenthèse entre la barbarie naturelle et la barbarie institutionnelle.

Aussi longtemps du moins que les dieux existaient, le fardeau du cadavre apparaissait léger. De lui-même, il quittait le charnier des églises pour monter vers les murs et s'unir à ses semblables en de longues girandoles peintes à fresque. Ou bien il glissait simplement vers les fonds noirs, entraîné par son seul poids, et se faisait oublier.

Le cadavre n'en est pas moins devenu pesant lorsque, une fois privé de sens, les dieux ont cessé d'en supporter, invisibles, le poids.

Le sarcasme, *sarkasmos*, la raillerie qui insulte la chair comme un chien mord un mollet, pourrait être une réponse à l'agnostique, à celui qui ne croit pas que la mort a un sens. « Le pouvoir de détruire n'est pas accordé à l'homme, il a tout au plus celui de varier des formes, mais il n'a pas celui de les anéantir [...] Qu'importe à la nature toujours créatrice que cette masse de chair conformant aujourd'hui une femme se reproduise demain sous la forme de mille insectes différents ? [...] Or, si le degré d'attachement ou plutôt d'indifférence est le même, que peut lui faire que par ce qu'on appelle le crime d'un homme, un autre soit changé en mouche ou en laitue ? » Ainsi philosophe Brissac devant Justine épouvantée [1]. Avec la Révolution se lève aussi le temps des camps panoptiques, des morts froidement et systématiquement préméditées, des meurtres de masse industriellement accomplis. La loi naturelle des infinies métamorphoses remplace le jugement divin du talion ou du pardon.

Soixante ans plus tard, Baudelaire, croisant sur sa route une charogne, semble lui faire écho :

Les mouches bourdonnaient sur ce ventre putride,
D'où sortaient de noirs bataillons
De larves, qui coulaient comme un épais liquide
Le long de ces vivants haillons [2].

Mais Baudelaire dénonce le récit sadien : entrevu, le cadavre de la femme aimée n'a rien

1. Sade, *Les Infortunes de la vertu*, Paris, J.-J. Pauvert, 1959, pp. 58-59.
2. Baudelaire, *Les Fleurs du Mal*, XXIX.

de comparable au phénomène d'une Nature prolixe et aveugle : il est devenu le mal absolu. Au cynisme du philosophe s'est substituée la compassion. À la loi indifférente de la *zoé*, la règle humaine du *bios*. À la décomposition de la vermine, la composition du poème. La poésie est la seule réponse possible à la mort, sans laquelle la mort accomplit son but. Qu'à l'entropie de la *physis* désorganisant les formes se refuse un seul individu par son pouvoir créateur d'organiser des mots, c'est le cortège entier des morts qui reprend forme et qui s'allège. Il y a une proximité de l'horreur et de la grâce.

Pisanello, à Vérone, dans la fresque de la *Storia di San Giorgio*, avait réussi à donner à ses terribles pendus, au cœur de l'art courtois, quelque chose d'une telle grâce.

Bourreau et burlesque ont partie liée : une même origine dans la langue leur fait danser une même bourrée, dont le chahut étouffe le cri du transi. Mais cette pantomime n'a rien de la sourde allégresse des anciennes danses des morts : la rigoureuse combinatoire des figures sadiennes entraîne un sourire, jusque dans les supplices. Le comique est ici aussi enfant du mécanique, lorsque le corps, même pantelant, n'est plus qu'automate ou poupée. Mais si cela se laisse dire, par des mots, cela ne se laisse pas si aisément dépeindre. *Yo lo vi*, écrit Goya sur l'un de ses *Disparates*, soulignant par l'écrit ce que la figure a d'incroyable.

Le sarcasme a donc ses limites quand il s'agit de figurer : on ne peut surcharger ce qui déjà a brisé l'homme sous son poids. Les vignettes des petits maîtres romantiques, agitant lorettes et squelettes, ne seraient restées que d'aimables curiosités si Hitler n'avait réussi à les faire entrer dans les faits. Les orchestres de musiciens en tenue rayée jouant Mozart ou Beethoven sur des crincrins, pour accompagner le déporté au gibet où il serait pendu, sont une invention du romantisme noir.

Music s'est parfois laissé aller à raconter pareils caprices.

Il y a l'histoire du détenu numéro 4. Dans la généalogie du camp, c'était le quatrième prisonnier à avoir été enfermé à Dachau, dès 1933, le plus ancien sans doute parmi les dizaines de milliers de détenus qui y passèrent. Ancien communiste, il était devenu dans la terminologie du camp le *Lagerältester*, le détenu doyen du camp. On n'avait jamais vu l'exemple d'une telle longévité. Il ne survécut pas à sa libération : un mois après, il était mort.

Il y a aussi ce comptable dont Music a dressé l'effigie raide dans l'un de ses dessins.

Debout sur une caisse, il surveille l'arrachement des dents en or sur les cadavres. Il ne lève jamais les yeux. Il se contente d'écouter le petit bruit métallique de la dent quand elle tombe dans le seau et ajoute chaque fois un trait sur son carnet.

Certains de ces *capricci* sont à la limite du rêve tant ils semblent macabres. Ainsi de ces détenus dont on disait qu'on les avait jetés vivants dans le ciment frais des fondations. Longtemps après, Music crut voir, affleurant à la surface des murs, les os et les fragments des corps qui étaient remontés.

D'autres au contraire sont simplement burlesques, comme des saynètes de Charlot. Ainsi, ce matin-là, comme chaque matin, quand le Kommando quittait le camp pour aller travailler et que Music fermait la marche. Il a dit pourquoi il préférait se glisser dans les derniers du rang. Dans cet univers qui pouvait à tout instant se révéler mortel, prévoir, c'est se garder du mauvais coup, être à l'arrière, c'est s'assurer des quelques secondes qui vous permettront d'échapper au piège avant qu'il se referme.

Le danger, cette fois-là, était venu de l'arrière. Voyant que Music était long à s'ébranler, le S.S. qui fermait la marche entreprit de lui flanquer un coup de pied aux fesses. L'homme était petit

— on était à la fin de la guerre, et les recruteurs n'étaient plus très regardants sur la taille de l'ordre des Seigneurs — et Music, on l'a dit, était fort et grand. Le pied, trop court, rata son but et, déséquilibré, le S.S. s'étala tout du long. Ses camarades croyant à un attentat se ruèrent en armant leur mitraillette. Il s'en fallut d'un rien. Le Kapo s'interposa entre le prisonnier et la garde S.S. : Music était indispensable qui, seul, connaissait le bon fonctionnement du tour à munitions.

Si l'épisode est cocasse, c'est qu'il rappelle aussi les circonstances de l'incarcération. Ce n'est pas pour faits de résistance que Music avait été déporté. Pacifiste, l'idée de la lutte armée lui demeurait étrangère. À la prison de Trieste, la Gestapo avait finalement compris que ce n'était pas un terroriste qu'elle avait entre les mains mais un naïf, un innocent. Le niais cependant était grand, athlétique, et révélait en toute son apparence l'excellence de la « race » aryenne. Au lieu de le relâcher, comme ils l'auraient fait d'un autre, on lui suggéra donc de s'enrôler dans la *Waffen S.S.* Music avait refusé en riant. C'est son refus et surtout le rire qui l'avait accompagné qui avaient entraîné la déportation à Dachau. Là, sous la surveillance des S.S., c'est à nouveau son allure et sa découpe, ce physique de seigneur, qui lui avaient valu la hargne du petit soldat de l'Ordre noir, et failli lui coûter la vie.

L'ÉCOLE DE DACHAU

Les premiers réflexes de Music, à son arrivée à Dachau, sont de s'orienter. Il cherche à établir une topographie du camp, à voir comment s'organisent les Blocks, selon quels pôles ses ruelles et ses allées se distribuent. Le territoire de Dachau, une fois franchi les portails, est une *terra incognita*, sans repères ni mesure, où comme sur les anciens portulans on pourrait marquer la mention : *Hic sunt bestiae*, les espèces sauvages que l'homme n'a pas décrites encore.

Mais surtout le peintre qu'il est recourt spontanément à l'image, à la familiarité des images pour tenter de donner forme à l'indescriptible. Élevé dans les forêts d'Istrie et de Dalmatie — et aujourd'hui encore, devenu aveugle, il touche de la main les écorces des arbres pour en reconnaître l'essence —, c'est la forêt familière de l'enfance dont l'image va venir éclairer la vision du chaos. « C'est un paysage », dit-il immédiatement pour tenter de comprendre ces milliers de corps jonchant le sol. Prenant conscience de l'étrangeté du mot pour désigner des cadavres, il précise : « Je dis "paysage" pour exprimer quelque chose de terrible. Si je dis paysage, je pense à des cadavres, des paysages de cadavres. » Puis, considérant ces corps desséchés qui sont comme des troncs abattus, l'image se précise : « une forêt », et prenant enfin en compte l'aspect sauvage de cette forêt que personne ne nettoie, où les troncs gisent dans le désordre où ils sont tombés : « C'était une forêt vierge. »

Quand il se trouve que les corps ont été entassés les uns sur les autres, l'image lui vient de « stères de bois », d'un « bûcher », d'une « tour » primitive comme une tour de garde ou d'affût. Puis son regard s'éloigne et embrasse à nouveau la totalité du spectacle pour se fixer sur une vision qui désormais ne va plus le quitter, et qu'on retrouvera dans l'œuvre entière, exprimée plus tard dans les peintures du Carso ou des collines siennoises : « une montagne de cadavres », c'est-à-dire une montagne d'où les arbres ont été arrachés — comme en effet du Karst, jadis rasé, terre gaste dont les millions de fûts ont servi pour supporter Venise.

C'est Music qui me fera remarquer que les hêtres et les bouleaux avaient, dans l'étymologie des camps, cerné le champ des morts. Buchenwald, Birkenau[1], Dachau même, ce

1. De *Buche*, le hêtre, et *Birke*, le bouleau.

Music
Dachau
1945

haut lieu de la peinture naturaliste à la fin du siècle dernier : la contiguïté de l'idylle et de l'épouvante, qui unit le *Wald* romantique et l'arbre souvent peint par Dahl et par Friedrich, relève de cette *imitatio perversa* du nazisme, qui, dans son obsession de la pureté ethnique — Dachau devait être « judenrein » — ne pouvait que contaminer les lieux et les mémoriaux les plus sacrés de la culture allemande.

Aussi Music avance-t-il parfois, en souriant doucement, que la seule école qu'il reconnaisse ne fut pas celle des Beaux-Arts de Zagreb mais l'École de Dachau. Au pays de Heine et de Liebermann, il avait existé en effet, à quelques lieues de Munich, un paradis pour peintre appelé Dachau. Attirée par la beauté de ses paysages, autant que par la renommée de Ludwig Thoma, une colonie d'artistes s'y était établie au siècle dernier, si bien qu'en 1900 le nom de *Dachauschule* sonnait aux oreilles comme chez nous le nom d'École de Barbizon. Quand Music avait franchi la porte de cette étrange école, en 1944, le terme n'évoquait plus l'Arcadie mais l'épouvante.

Le nazisme avait d'abord été cet énorme mensonge au cœur du langage, une perversion, qui de proche en proche atteignait tous les noms du vocabulaire, altérait, renversait leur sens, pourrissait leur histoire, contaminait lieux et gens [1].

1. Voir Victor Klemperer, *op. cit.*, p. 108 sq.

Opposée à cette infection qui gagnait de proche en proche les noms et les lieux les plus vénérés [1], la tâche de la poésie et de la peinture n'était-elle pas de redonner le sens originel ? Primo Levi raconte comment, en recomposant l'un après l'autre, par un effort de mémoire, des passages de *La Divine Comédie*, il s'était sauvé de l'enfer où il était plongé, et qu'il avait aussi sauvé — car ce salut suppose encore un tiers — son jeune ami Pikolo. De même, confronté aux cadavres, Music avait fait appel aux leçons de Zagreb, mais aussi au souvenir des peintures vues à Madrid et à Vienne, à Goya par exemple, à la beauté tragique comme il dit, de ce que sont la maladie, la souffrance et la mort, pour en accepter l'irrémédiable.

Ces mourants qu'il dessine en 1945 et sur lesquels il reviendra après 1970, fasciné, horrifié, enfin en paix avec lui-même, pas encore tout à fait des cadavres, déjà plus des vivants, deux détails les distinguent. Le regard immense, et le sexe, énorme. Tout a fondu. Muscles, graisses, l'eau s'est évaporée des cellules et la peau s'est flétrie. Ne restent que ce regard, brillant et agrandi, et que ce sexe démesuré.

Ainsi, à Lascaux, dans la scène du puits,

1. C'est dans la même logique d'une *imitatio perversa* que Buchenwald fut édifié aux portes de Weimar et Auschwitz non loin de Cracovie.

l'homme couché sur le dos, les bras en croix, se distingue par son sexe dressé. Cadavre ithyphallique, tendu vers la vie, lors même que la vie l'a quitté. La première figuration humaine peut-être se trouve au fond de Lascaux. Elle associe à jamais la mort, le pénis dressé, un puits obscur. La première peinture qu'un homme ait faite d'un homme représente un homme nu, déjà presque un cadavre, au sexe dressé, tombé en arrière[1]. Mais c'est à peu près au même moment, même énigme aux deux termes de l'histoire humaine, que l'on découvre Lascaux et ce qu'étaient Dachau et Auschwitz.

Qui, comme Music, a jamais vu et noté avec cette précision, sinon les anatomistes, que dans l'état de cachexie les orifices du corps, qui interrompent la continuité du tissu humain, tendent à tout envahir tandis que le sexe s'hypertrophie dans la fonte généralisée du corps ? Béances : la bouche, les narines, le sexe, tout ce par quoi le corps s'écoule ou s'exprime tend à gagner sur sa clôture ; l'enveloppe se troue de toutes parts, s'affaisse. Dans le visage aussi, l'épiderme se laisse manger : ce sont les yeux qui dévorent tout. Le corps semble ainsi se réduire à un regard exorbité et à un sexe

1. Pascal Quignard, « La Présence fascinée », in *Enfers*, n° 2, avril 1996, non paginé.

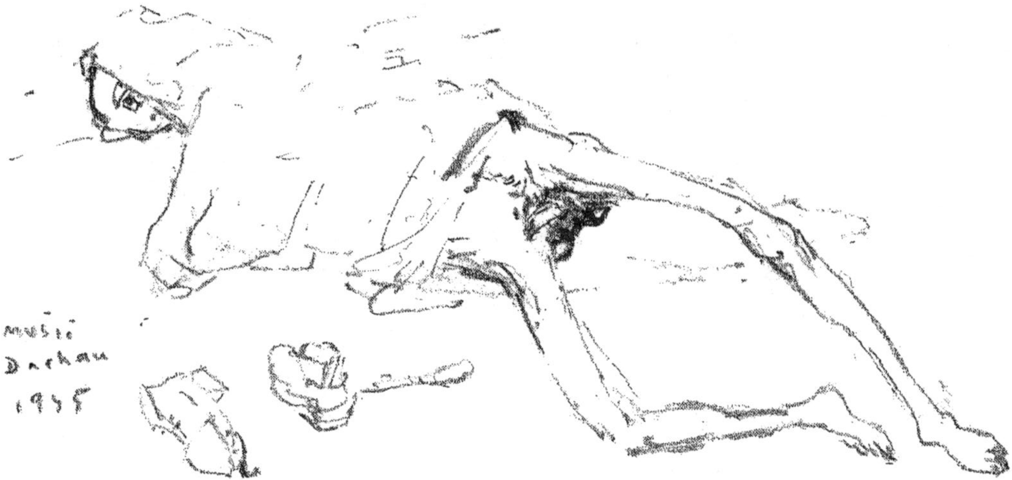
music
Dachau
1945

proéminent. Comme si, à mesure que les traits s'effacent et tirent le visage vers l'anonymat, à mesure que la vie se retire, les organes de la vue et de la génération, en un ultime effort, recueillaient en eux les derniers éclats d'énergie.

Autant que le pauvre enseignement transmis par l'École, c'est le pouvoir prophylactique d'une tradition de l'art occidental qui avait fondé la sacralité de l'être humain dans la visibilité du visage qui permettrait au peintre de supporter l'insupportable dont parle Rilke, sans en être détruit.

Quelle culture en effet n'a jamais mieux parlé de la chair, non du corps abstrait, non modèle d'un beau idéal, ni construction intelligible, illustration d'une théorie, mais de la chair précaire et précieuse, sinon cette tradition d'une Parole que les thèmes de la Pietà ou de la Descente de croix ont, durant des siècles, admirablement illustrée, et dont Music, une fois rendu à Venise, devait retrouver le sens ?

Et c'est au moment où l'iconographie du corps pantelant, de l'effigie qui s'effondre sur elle-même ou qui se raidit en un long arc de cercle, s'effaçait de l'art moderne — car l'homme de la modernité se voulait « nouveau », *neuer Mensch* fonctionnel, à la beauté terrible de machine, voire immortel — que la réalité même de l'agonie, à Dachau, sous sa forme la plus extrême, sembla refluer. Déniée, la mort, ou plutôt cet aspect singulier de la mort qui est le sentiment de la vulnérabilité, revint revendiquer sa présence de la façon la plus épouvantable. Qui pouvait en soutenir le choc ? En l'absence des figures médiatrices de la Mère de miséricorde ou de saint Jean au pied de la Croix, qui pouvait encore comprendre, accueillir, recueillir et doucement déposer au sol ces corps vidés et tétanisés que découvrirent, effarés, les libérateurs des camps en avril 1945 ?

Derrière le sinistre petit comptable des dents d'or, il fallait un autre gardien du réel, un comptable des apparences pour, trait après trait, garder le souvenir et, caché, invisible aux yeux des gardiens — eût-il été surpris à dessiner que l'exécution aurait été immédiate — donner corps enfin à cette comptabilité.

À l'amnésie qui s'étendrait sur l'art de la peinture au point qu'elle se détourna du corps durant vingt ans et plus, Music en 1972 répondit par l'anamnèse qui l'amena à reprendre ces visions qu'il avait voulu jusque-là tenir cachées, jusqu'à ce qu'elles revinssent occuper le cœur de l'œuvre et la nourrir.

Balancement de l'œuvre de Music — *das Gleitende*, disait Hofmannstahl de cet état flottant. Équilibre impérieux et toujours instable du vivant et du mort. D'un côté il peint l'inerte, l'indifférencié, l'inanimé. Ce peut être le minéral, la colline arrondie des paysages siennois ou des massifs calcaires des Dolomites. Ce peut être, dans le midi de la France, après un incendie, le végétal, le tronc desséché d'où retombent en arceaux les branches cassées. Mais ce peut être aussi, plié par la même courbure, affaissé selon la même loi, raviné par les mêmes eaux, l'élément humain, la masse des cadavres, le tas de chairs entremêlées et ramenées à l'anonymat.

« Toutes les formes s'apparentent lorsque le regard qui passe sur elles peut être le dernier », écrit si fortement Malraux quelque temps avant de mourir[1]. Ainsi Music est-il toujours revenu vers deux ou trois formes élémentaires comme si le regard qu'il jetait sur le monde, formé par Dachau, avait de fait été le dernier. Bien plus que la vanité des formes, c'est leur vacuité qui s'impose au regard, quand l'expé-

1. André Malraux, *Lazare*, Paris, Gallimard, 1974, p. 96.

rience du cadavre ramène toutes les apparences à un même miroitement. Baudelaire, là aussi :

Les formes s'effaçaient et n'étaient plus qu'un rêve,
Une ébauche lente à venir,
Sur la toile oubliée, et que l'artiste achève
Seulement par le souvenir.

La mort travaille comme un artiste. Elle façonne les formes. Le travail du peintre est de parachever son œuvre. De poursuivre l'œuvre de la mort. Il n'obtient de victoire sur elle qu'à accomplir sa visée, qui nous délivrera de sa hantise. Il est celui qui se souvient que la mort sera.

Les parasols que tiennent, juchées sur leurs petits chevaux, les femmes dalmates, ce petit bulbe noir de toile côtelé de baleines, c'est lui qu'on retrouve agrandi aux dimensions d'un monument dans les coupoles de Saint-Marc avec leurs arêtes de melon. C'est lui encore dans les dénivellations desséchées du Carso, dans les collines amollies de l'Ombrie. Un motif, quasi biologique, qui se retrouve dans les formes primitives des animalcules ou des plantes, les méduses, les ombelles. Mais c'est aussi la métaphorie incessante, la floraison de ce monceau premier de cadavres qui, sous le regard, avait le même arrondi, la même douceur, la même vie.

Sous sa simplicité trompeuse, ce que nous dit cet art, c'est que le corps humain est un matériau aussi plastique et docile que d'autres dont nous usons dans nos activités. Comme les sols, il obéit, une fois inerte, aux lois physiques de l'érosion, comme les architectures aux lois mathématiques qui calculent les courbes les plus économiques. La technopole de Dachau rangeait ses milliers de cadavres — du moins quand elle avait encore la place de les ranger — avec le même ordre que Brunelleschi dessinait le profil de ses édifices, avec la même rigueur que l'eau ravine et façonne les terrains défeuillés.

Jamais pourtant la recherche de ce chiffre premier, à quoi se ramènerait la diversité des apparences, n'aura été poussée jusqu'à l'abstraction. Si l'abstraction a été la tentation de Music a un moment de sa vie, dans les années 50, qui fut celui du succès éphémère de l'École de Paris, c'est le rappel de la mort dans la vie qui, toujours, l'a ramené vers le réel. Le dernier regard qui passe sur les formes ne prétend pas dresser un « dernier tableau » : il ne veut que rappeler qu'il y a eu des formes et qu'elles avaient un lieu. Face à la tentation de l'angélisme dans l'art contemporain, tel que l'abstraction la représente, et qui n'est jamais que le revers du diabolisme qui a marqué notre temps dans ses entreprises les plus mortifères, comment ne pas rappeler la phrase du philosophe du *Principe Espérance*, Ernst Bloch : « Le siècle qui a vécu l'abstraction est aussi celui qui a connu les camps de concentration » ?

Stangl, le commandant de Treblinka, disait des détenus dont il avait la garde : « Je les ai rarement perçus comme des individus. C'était une masse. » Et ces corps, privés de traits distinctifs et rendus à la masse informe, se dissolvent donc comme se dissout dans les montagnes au nord de Venise la dolomie sous la pluie acide, comme se dissout, dans le Carso, la terre des collines sous le ravinement des eaux. « Paysages de cadavres », « cadastres de cadavres », dit Music, quand il rapproche les monticules des charniers des géologies ravinées de son pays natal.

Mais c'est alors l'individu qui fond, qui perd conscience d'avoir eu un visage, des traits distinctifs, une personnalité, un regard. « Il faut être lisse, écrivait Robert Antelme, évoquant son expérience du camp. Chacun porte ses yeux comme un danger [1]. »

1. Robert Antelme, *L'Espèce humaine*, Paris, Gallimard, 1957, p. 241.

Les têtes en forme d'œuf, privées de regard et de traits distinctifs, qu'on voit apparaître dans la peinture européenne entre les deux guerres, dans les mannequins de De Chirico comme dans les koulaks de Malevitch, préfigurent la disparition des traits chez l'homme concentrationnaire, dépouillé de son individualité.

Ces corps martyrisés, on sait par un témoignage que les S.S. eux-mêmes se refusaient à les nommer « cadavres » ou « corps ». Ils les appelaient simplement *Figuren*, des figures, des mannequins [1]. De même, les nouveaux arrivants n'étaient jamais désignés par leur qualité d'hommes : ils étaient des « arrivages ». Et quand venait à manquer une unité dans les décomptes interminables des détenus sur l'*Appelplatz*, les S.S. disaient qu'il manquait non un homme mais « *eine Stück* », une pièce.

Une volte-face, un retour au visage était-il possible, après *cela* ? Parce que le camp était le lieu des non-visages, de ces têtes sans regard et de ces corps réduits à des sarments, à des brindilles, à des bûches, de ces cadavres entassés devenus collines de suif et de calcium,

1. Giorgio Agamben, *Ce qui reste d'Auschwitz*, Paris, Payot et Rivages, 1999, p. 61.

Dachau 1945

dont la beauté étrange, « lisse », était celle des pierres, des plantes ou des larves, il y a eu, chez Music, obstinément, répétée jour après jour, la représentation du visage, toujours à ressaisir et à sauver, abrupte et escarpée. Prendre soin du visage, le *visum*, de ce qui est destiné à être vu et distingué, dont chaque trait surgit de l'informe, unique et inconfondable, fut la tâche quotidienne du dessin. En ce lieu livré à l'hétéronomie de ce qui n'a plus de visage, Music redonnait la règle des traits, cette norme du vivant qu'on nomme si justement la *physio-nomie*.

De là peut-être que les figures de Music, dans ses dernières années, non seulement respectent dans leur morphologie le *principium individuationis* qui gouvernerait cette peinture d'un Saint-Empire idéal dont j'ai évoqué des exemples, mais encore se présentent de plus en plus comme des *apparitions*. Ce sont toujours des revenants, surgis du royaume des morts. Si l'apparence, peu ou prou, relève un peu de la tromperie, qui prétend faire croire à une vérité de la représentation capable de rivaliser avec sa source — et l'on comprend les interdits religieux qui ont longtemps pesé sur elle —, l'apparition est en revanche un phénomène qui, en soi, ne peut être jugé « vrai » ou « faux ». Il est le fait de la peinture même, une manifestation, un surgissement du visible au bord de l'invisible.

Ces effleurements de l'être, ces effigies qui montent à la surface de la toile ou du papier dans l'œuvre de Music évoquent beaucoup plus, là encore, l'étrangeté de l'*Andere Seite* de Kubin et le climat propre à l'ancien Empire dont il est issu que la franche clarté méridienne d'une Italie où il est venu vivre. Elles inquiètent plutôt qu'elles ne rassurent, mais c'est cette inquiétude même, ce trouble à la surface, qui les fait vivre. Poussé à sa limite, le réalisme s'ouvre au fantastique, s'auréole de lueurs irréelles.

LES OCRES MERVEILLEUSES

Music dit qu'il cherche l'essentiel. Il dit aussi qu'il faudrait pouvoir peindre les yeux fermés. Il dit qu'il voudrait que sa peinture ne pèse pas. Dans ce souci pudique, seule confidence qu'il laisse filtrer sur son art, il ne cherche pas la couleur ultime, le ton philosophal comme l'or, la note primordiale qui restent l'obsession des peintres d'avant-garde. Le désert qu'il habite n'est pas celui du nihilisme. Il est plutôt le terreau aride et rigoureux où se recueillent les couleurs premières, ces *chrôma* qui sont, par la vie qui les habite, un défi à l'étendue et à l'inerte.

On peut user des couleurs comme on use des mots : sans y faire attention. On peut les proférer comme s'ils étaient à jamais disponibles, renouvelables, inusables, comme l'eau, le sable, ce qui coule et qui va de soi. C'est oublier que l'eau qui coule, que le sable renvoient au sablier, à la clepsydre, et que le temps nous est compté. On peut aussi multiplier les tons, puiser sans réfléchir dans la gamme infinie que la chimie semble mettre à disposition des peintres. Mais ce gaspillage, qui est de l'ordre de la numération, est une perte sans regain. Le monde de la sensation colorée est le monde de l'*unicum*. Un bleu, mais ce bleu-là, de ce jour-là, à Balbec, comment le rendre avec un mot, se demandait Proust.

Homme silencieux et contemplatif, homme de peu de mots, Music est un homme de peu de tons. Il use de la parole avec réserve, il puise dans les couleurs avec parcimonie. Avec l'épargne du paysan — n'est-il pas né d'une famille de vignerons du Collio ? — il a l'économie de la parole comme il a l'économie des pigments. Il ne croit pas que les mots nous soient donnés, moins encore qu'on puisse en user sans mesure. Chaque mot qu'il utilise, il penserait plutôt qu'il doit être regagné de haute lutte, reconquis chaque fois qu'on le profère à nouveau. User du langage comme s'il était toujours disponible et inépuisable, c'est mépriser la vérité des mots.

Music, quand il était enfant, fut encore un citoyen de la double monarchie, à qui l'on demandait chaque matin de chanter l'hymne à François-Joseph, dans l'une des douze langues autorisées dans l'Empire. C'est à cet égard, à sa façon, un héritier de la *Sprachkritik* de Mauthner : élevé dans plusieurs langues, il mesure mieux que personne l'arbitraire, la limite, la convention de chacune. Il a gardé en lui l'élégance sceptique d'une Europe qui était cultivée parce qu'elle était polyglotte. Cette légèreté à sauter d'un idiome à l'autre — si utile au demeurant à acquérir l'agilité mentale dont il convient de faire preuve en des temps politiques troublés —, qui prend son bond de la reconnaissance des limitations de toute langue, cette tension entre la grâce et la gravité, née du sentiment qu'on ne possède jamais une langue mais qu'on ne fait que l'emprunter, fait penser à Mozart, cet autre cosmopolite. Music en a la légèreté et la grâce déchirante. Quand il s'autorise à user des mots, il les sait vulnérables, incertains, et les manie en conséquence, sans les forcer.

Ainsi a-t-il fait de son art. Il ne demande pas à la peinture plus qu'elle ne peut dire, ni autre chose que ce qu'elle sait dire. Il douterait plutôt de ses possibilités de dire ce qu'il ressent.

À cet égard, Music n'est pas un peintre « moderne ». La modernité a souvent consisté à forcer le sens des mots usuels, à outrepasser leurs possibilités, soit en leur conférant un sens absolu, surhumain et totalitaire, soit en leur refusant tout sens possible. Ce destin fut aussi, à notre siècle, celui du gouvernement des hommes. La réponse aux hésitations, aux scrupules, aux silences des tenants de la *Sprachkritik* est venue non par hasard d'un Autrichien. Hitler devint dictateur — de l'itératif du verbe « dire » — pour avoir constaté combien les prudences de l'intelligentsia dans son usage des mots était source de faiblesse dans le gouvernement de l'État. On sait ce qu'il advint.

Mais en art également, cubisme, futurisme, dadaïsme, suprématisme... ont prétendu s'arroger un droit absolu sur les signes dont le peintre faisait jusqu'alors un usage modéré et raisonné. Leur tumulte, leurs vociférations, leurs mots d'ordre ont vite occupé le silence tremblant que Hofmannsthal avait perçu dans sa *Lettre de Lord Chandos.* Terreur et modernité ont partie liée.

Inséparable de ses origines intellectuelles, le silence de Music l'est aussi de l'expérience de Dachau. Elle demeure chez lui fondamentale, qui a donné naissance à l'œuvre et lui a donné son accent unique. Des chevaux, des paysages, des villes, des visages de femme, des portraits de soi inlassablement scrutés, tout ce que nous avons cru posséder, nous ne l'avons jamais eu, pas plus que nous ne possédons le langage dont nous usons. L'élégie du quotidien, la permission de dire à nouveau, se regagne ici et chaque matin sur la terreur indicible du crime permanent. Il y suffit de quelques mots, et de quelques tons.

Ainsi de l'usage des mots, ainsi des couleurs. La palette moderne offre au peintre des dizaines de milliers de colorants de synthèse. Misère de la pléthore. Seuls quelques-uns ont rapport à notre monde. Tous les autres sont, à des titres divers, des monstres dont nous serons, un jour ou l'autre, les victimes.

Music use ainsi des ocres, ces *ochra* merveilleuses dont parle Pline l'Ancien dans son *Histoire naturelle* : ocre jaune, ocre rouge, terre de Sienne, terre d'ombre, rouge vénitien. Pigments naturels, ils ne sont pas loin des tons rares des argiles qu'utilisaient les peintres préhistoriques pour fabriquer le rouge, le brun, le jaune, le noir.

Ce principe d'économie s'applique aussi aux formats. Il arrive que Music peigne de grands tableaux. Mais sa mesure naturelle l'oriente vers des surfaces que le regard peut embrasser d'un coup. Principe de concentration, de saturation. Le registre est celui de l'intensif, non de l'extensif. Il s'agit que le tableau, la *tavoletta* de bois, recueille à sa surface, tel un creuset, les pigments, poudres précieuses, qu'aucun vent ne dispersera, qu'aucun liquide ne diluera.

Éros et Iris, *colore* et *calore*, couleur et leurre : ces accords de mots qui parlent des humains et des dieux, de l'amour et de la parade amoureuse, de l'enfantement et de la génération, de la fascination et de la vie nous font pressentir le pouvoir des couleurs.

Face aux entreprises d'extermination massive de notre temps, le peintre est cet individu qui, grâce à quelques poudres, reprend le geste du paléanthropien qui, en enterrant les morts après les avoir enduits d'ocres rouges, a fondé notre culture, et la maintient contre la barbarie. Couchant dans le lit des terres colorées, pour qu'elles ne se perdent pas, les apparences de ce qu'il aime, le peintre peint un visage de femme à la chevelure rousse, du rouge de la vie, ou de ce roux qu'on dira vénitien, et qui venait dit-on de ce peuple des

Cimbres, géants aux yeux bleus, au poil blond ou carotte, venu déferler jusque sur la lagune. Il peint ainsi la toison d'Ida, sa compagne, de la nuance qu'un Antonio Tilesio à la Renaissance aurait nommée *rufus*, et que partagent les chevaux et certains rochers. Il peint des collines bleues et grises, de ce ton *caeruleus*, *albus* qui dit les lointains. Il peint, dans l'admirable série des *Atelier au chevalet*, le mur de sa maison d'un jaune intense, de ce *fulvus* qui rappelle les blés et l'éclat de l'or tréfilé. Il peint les animaux enfin, les dorades irisées, où se décline le spectre solaire, du *roseus* au *viridus*. Protégé de la corruption par tous ces onguents, tout un monde renaît à nos yeux, dérisoire et sublime.

HUMILITÉ ET HUMILIATION

Le radical, la « racine » du mot homme, porte son origine terrestre, mais de deux façons différentes : c'est l'humilité et c'est l'humiliation. Rappeler que l'homme est humble, c'est rappeler qu'il est né de l'humus [1]. Humilier autrui, c'est en revanche non seulement le

1. Quintilien, I, 6,34, « *etiamne hominem appellari quia sit humo natus* ».

ramener à l'humus, le réduire à l'humilité de la poussière, des feuilles, du fumier, mais c'est le traiter « plus bas que terre », l'enfoncer dans cette couche primitive où le sol est pourriture et décomposition et dont la vie l'a dégagé. C'est réduire l'être humain à ce qui n'est pas de l'ordre du vivant mais de l'inerte et de l'inanimé, le dépouiller de sa forme et de sa contenance, c'est le mortifier, lui faire sentir les affres de la mort alors qu'il est encore en vie.

Ainsi dit-on d'un visage sous le coup d'une insulte qu'il « se décompose », comme des feuilles sous l'humidité, de la paille, du fumier, une sorte d' inhumation lente, à petit feu. On dit d'un homme insulté qu'il perd sa « contenance ». Il se tenait là, devant vous, entier, intègre, assuré de l'unité de son être entre le tout et ses parties, de la cohérence entre son allure générale et ses traits particuliers. Sous le coup de l'insulte, le délicat et subtil édifice du visage vacille et se disloque.

Retirer à l'humain sa qualité d'humain c'est, de l'humus dont est fait l'humain, ne plus considérer l'énergie ascensionnelle, le pouvoir organisateur du *bios* qui lui a fait dresser son être à la verticale, et lever la tête vers le soleil pour l'approcher des dieux — dans *Le Livre des Étymologies* d'Isidore de

Séville, l'*Anthropos*, c'est celui qui est penché vers le haut, qui regarde vers le soleil et vers Dieu —, mais c'est ne plus vouloir voir l'humain que sous l'aspect de la matière inerte. C'est, par un coup de force sur le vivant, retirer à l'homme, alors même qu'il est en vie, les qualités biologiques qui le distinguent comme individu, unique et singulier [1], pour en faire avant l'heure une dépouille, un cadavre. Le « musulman » des camps de concentration, c'est un vivant qui a les apparences de la mort, un mort vivant [2].

Larva, êtres privés de regard, vivants parmi les morts, morts parmi les vivants, c'est ce masque uniforme de ceux à qui le visage a été ôté — que les dessins de Music ont inlassablement décrit. « Dans la mort, les humains sont appelés des "têtes", mais encapuchonnées de

1. Voir Ernst Mayr, « La diversité du vivant », in *Histoire de la biologie*, Paris, Fayard, 1989, p. 139 sq.

2. « Ce sont eux, les *Muselmänner*, les damnés, le nerf du camp [...] On hésite à les appeler des vivants : on hésite à appeler mort une mort qu'ils ne craignent pas parce qu'ils sont trop épuisés pour la comprendre. Ils peuplent ma mémoire de leur présence sans visage, et si je pouvais résumer tout le mal de notre temps en une seule image, je choisirais cette vision qui m'est familière : un homme décharné, le front courbé et les épaules voûtées, dont le visage et les yeux ne reflètent nulle trace de pensée » (Primo Levi, *op. cit.*, p. 96-97). À Dachau, remarquons-le, les morts vivants étaient appelés, non des « musulmans » comme à Auschwitz, mais des *Kretiner*, des « crétins ».

nuit, enveloppées de ténèbres, sans visage. Chez les vivants les têtes ont un visage, une face, *prosopon* ; ils sont là, présents devant vos yeux comme vous en face des leurs. La tête, le visage c'est ainsi dans un être ce que d'abord on voit, ce qui transparaît de chacun sur sa face, ce qui l'identifie et le fait reconnaître dès lors qu'il est présent au regard d'autrui [1]. »

Humilier, c'est du même coup mortifier, c'est introduire au cœur du vivant les ferments de la corruption et de la décomposition, c'est établir la mort au sein de la vie, c'est créer enfin ce monde de morts vivants que sera, par essence, le monde des camps. Pire encore que la vision des morts empilés par centaines, que les « cadastres de cadavres » que Music a arpentés, était ainsi la vision de ces morts vivants, êtres errants que la mort n'avait pas accueillis, mais que la vie se refusait à garder. Comme l'a noté Canetti, l'amoncellement des morts, les montagnes d'ossements, les charniers sont un spectacle immémorial dont les puissants de ce monde se sont souvent réjouis. Mais la nouveauté radicale de notre temps, c'est la vision de ces « musulmans » errant entre la vie et la mort, sans que la vie les conserve, sans que la

1. Jean-Pierre Vernant, *L'Individu, la mort, l'amour. Soi-même et l'autre en Grèce ancienne*, Paris, Gallimard, 1989, pp. 11-12.

mort les accueille, qui correspond à un scénario inédit.

Retirer à l'homme son humanité alors même qu'il est encore en vie, inverser le procès qui, de la terre de l'origine conduit à l'être organisé pour brutalement ramener celui-ci à l'inanimé de la terre — « humilier » —, c'est aussi refuser à l'humain le devoir qu'on lui doit après qu'il est mort, l'inhumation.

Dès l'apparition de l'homme sur le planétoïde, entre cinquante et soixante-dix mille ans, se multiplient les sépultures. La disposition des cadavres qui sont orientés, la tête tournée vers le soleil levant, le corps fréquemment replié en position fœtale, supposant la croyance en une renaissance, la présence de l'ocre rouge, symbole du sang et de la vie, dont on faisait des lits sur lesquels coucher le mort et dont on saupoudrait le visage et les parties génitales, l'exploitation avérée à ces fins de carrière d'hématite durant des millénaires disent assez que la conservation des morts est une pratique universelle. En revanche, l'abandon du corps sur la terre, dans les fourrés, le cadavre livré en pâture aux animaux étaient toujours le signe d'une profanation délibérée, exercée envers les ennemis ou ceux qui par leurs crimes s'étaient soustraits à la communauté, les « non-hommes ».

Dire que l'inhumain est ce qui se refuse à l'inhumation, ce qui interdit à l'homme le retour à l'humus dont il est né, ce n'est pas jouer sur les mots, c'est plonger aux racines de la langue et de l'espèce parlante. Au nom du principe du surhomme, le principe humain qui est l'humilité avait disparu.

LES SEPT DEVOIRS DE MISÉRICORDE

Le premier geste de Music en arrivant au camp, on l'a vu, est de s'orienter. Spontanément, à ce lieu sans lieu, à cette terre qui avait perdu le nord, il redonne une direction, un centre, il refonde une humanité. À cet enclos livré à l'hétéronomie, il redonne la règle de l'humain. Pour ce faire, il s'appuie sur l'expérience qu'il a d'un pays natal, des forêts où il errait dans sa jeunesse. Ces lieux ont gardé en lui la qualité d'être uniques. Ce sont les Lieux saints d'un univers privé. C'est le souvenir du caractère sacré de ces lieux qui lui permettra de supporter l'innommable et l'indescriptible d'un lieu abominablement profané.

Enfin, à ces corps dont il constate, éperdu, l'outrage qui leur est fait, il redonne un visage.

Poussé par une urgence qui lui fait oublier sa propre condition — car il risque, s'il est pris, d'être pendu —, il les dessine, trait à trait, en usant d'ocre et de bistre — les couleurs mêmes dont il usera dans l'œuvre postérieure, les ocres jaune et rouge, le miel et le sang de la vie. Au fond, son seul effort, mais infini, épuisant, c'est de redonner à des morts « irréels » — « une vision », dit-il à leur propos — une sépulture.

Dans ce parallélisme entre la condition du paléanthropien et celle de l'homme jeté dans l'univers concentrationnaire, il semble que, dans les situations les plus extrêmes, l'homme retrouve l'énergie et les réflexes animaux qui le firent survivre à ses premiers moments sur la planète.

C'est alors revenir au rapport perçu par Vico entre *humanitas* et *humare*. Toutes les cultures sont fondées sur le culte des tombeaux. « Je m'imagine, dit-il, que les premiers chasseurs, toujours errants, revenaient constamment à leurs tombeaux, comme nous le voyons encore à notre époque chez les Bohémiens... Tout ce que nous avons perdu devient de nouveau sensible lorsqu'on souffre de l'absence des tombeaux [1]. »

1. Ernst Jünger, *Journal de guerre, 1945-1948*, trad. de l'allemand par Henri Plard, Paris, Bourgois, 1980, p. 183.

Achille se rend aux funérailles d'Hector : même dans ses périodes les plus sombres, notre culture n'a jamais refusé à l'ennemi le droit de se souvenir, rappelle Hannah Arendt. C'est reconnaître comme allant de soi que nous sommes tous des hommes et seulement des hommes, liés à l'humus dont nous venons. C'est parce que les Romains permirent aux chrétiens d'écrire leurs martyrologes, c'est parce que l'Église gardait ses hérétiques vivants dans la mémoire des hommes, que tout ne fut pas perdu. Mais les camps de concentration introduisirent cette rupture fondamentale qui marque la modernité : ils rendirent la mémoire impossible.

« *Ab hoc ejecto cadavere…* », qu'attendre de ce cadavre laissé sans sépulture ? On sait que la coutume commune à beaucoup de civilisations d'ensevelir avec les morts les objets qui lui appartenaient, autant qu'un geste de piété à l'égard du défunt était un geste de prophylaxie à l'égard des survivants. Ce qui reste des morts doit disparaître avec eux. Des objets qu'ils possédaient, de leurs effets, de leurs outils, de leurs biens, rien ne doit pouvoir rappeler aux yeux des survivants qu'ils ne sont qu'en sursis. Sans doute, le mort, de l'autre côté de cette vie, doit-il pour renaître, se reconnaître et, accomplissant les mêmes gestes qu'il faisait chaque jour,

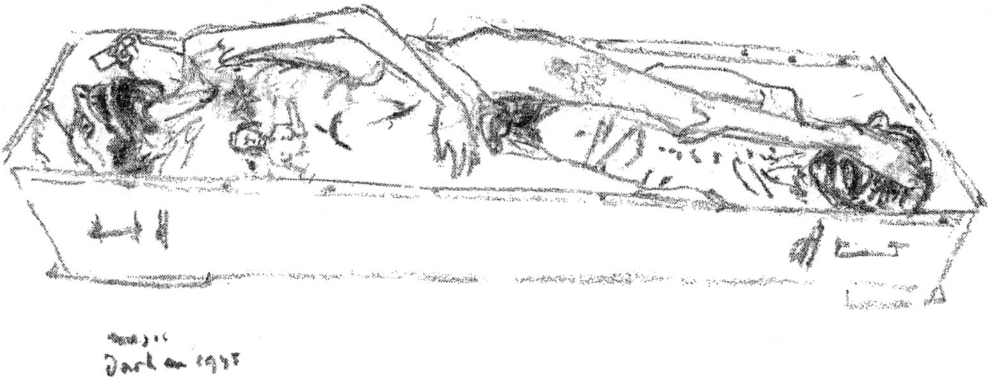
Dachau 1945

tendre la main et, comme à tâtons dans l'obscurité du tombeau, se saisir de la même fourchette, retrouver la même assiette, le même verre qui s'emplira éternellement de la même ambroisie.

Mais laisser les morts enterrer les morts pour ne plus avoir à craindre leur présence, soustraire leurs effets à la vue pour mieux les conserver dans l'ombre du tombeau, c'est aussi le geste égoïste de préservation qui nous épargne la crainte de la mort, quand elle s'attarde parmi nous. Quand un être meurt, il faudrait tout brûler de ce qui constituait son monde. On y gagnerait l'ivresse de se savoir seuls et premiers, et de se croire immortels. La mort serait scellée. Or la culture est née de la répression de ces instincts archaïques. La culture est issue du culte des morts.

Mais il arrive, il est arrivé en ce siècle, que ces pulsions primitives reprennent le dessus. On ne fait pas alors que brûler les objets et les livres qui restent. On brûle aussi les hommes, avec tout ce qui leur appartenait. On disperse leurs biens, qu'on mêle à ceux des autres, on coupe les cheveux, pour outrager les disparus, on leur arrache les bagues et les dents d'or. Notable progrès dans l'ordre des techniques : on ne laisse pas aux mouches et aux vers, comme dans *La Charogne* de Baudelaire, les bénéfices de la décomposition. La besogne terminée, on va jusqu'à retourner la terre où tous ces actes ont été commis, de façon à ne laisser aucun indice aux historiens futurs. Terre gaste. *Damnatio memoriae.* Ceci n'a jamais eu lieu. Ce peuple n'a jamais existé. Ces livres n'ont jamais été imprimés. Ces gens n'ont jamais vu le jour. « C'est une page de gloire de notre histoire qui n'a jamais été écrite, et qui ne le sera jamais... [1]. » Jamais encore non plus, Tyran n'avait voulu fonder sa gloire sur une telle écriture du néant.

Et pourtant, toujours quelque chose, dans ce remuement universel, échappe à la destruction et réussit à passer jusqu'à nous. Œuvre d'art ? témoignage ? preuve ? relique ? qu'importe. *Lapsus memoriae.* Nous ne sommes pas les derniers. Dans ce terrain de fouilles, comme au paléontologue le débris d'un os pour reconstituer le monstre, un dessin suffit. Tel était Léviathan, et tel il sera...

1. Heinrich Himmler, dans un discours secret prononcé en 1943 devant les chefs S.S., pour leur annoncer les principes de la « solution finale ». Cité par L. Poliakov, *op. cit.*, p. 17.

L'ART DE BIEN MOURIR

Ars moriendi, ars bene moriendi, Sterbenkunst : de la fin du Moyen Âge aux débuts des Lumières, l'art de bien mourir a marqué le triomphe de la culture classique de l'individu. Montaigne : « apprivoiser la mort », Bossuet : « Tout nous appelle à la mort. » La mort est la grande occupation de la vie. Elle est le but même de la vie, l'accomplissement auquel consacrer tous ses soins. La mort parachève la vie dont elle est la forme aboutie, comme la rhétorique classique se veut la forme parfaite de l'expression. La mort aussi emporte la conviction des vivants. Apprendre à vivre, c'est apprendre à mourir. C'est apprendre à regarder la mort, comme un soleil. C'est de son éclat que l'on conviera les proches à partager la gloire. La pompe funèbre est l'apothéose du vif. Le Sueur peint saint Bruno sur son lit de mort, et il le peint sous une lumière sereine, comme une forme parfaite, un volume apaisé.

Le crâne couronné fut l'un des emblèmes préférés de l'iconographie des jésuites. *Perinde ac cadaver* : la vie jusque dans la mort, la mort célébrée dans et par la vie. Nous n'accepterons plus pareil face-à-face.

La traduction moderne du *Kallos thanatos*, ce serait l'euthanasie. *Euthanasia*, la bonne mort, la mort douce, la mort dont le qualificatif est ce qu'on trouve dans « euphorie », la mort joyeuse. Ou bien encore la mort juste, au sens musical du terme, l'« euphonie ». Un accord mélodique entre l'homme et sa fin. Aussi l'homme moderne, qui se refuse à la souffrance de la mort, et surtout qui a oublié son sens, réclame le droit à l'euthanasie.

Mais cette « bonne mort »-là est à l'opposé du bien mourir. L'euthanasie, dans un sens qu'on voudrait limité, c'est la fin volontaire apportée aux souffrances des malades qui ne peuvent plus espérer vivre très longtemps. C'est aussi le terme utilisé par la S.P.A. pour désigner l'élimination des animaux dont elle ne sait que faire.

C'est à l'origine le terme qu'utilisèrent les nazis, dès 1939, pour désigner l'élimination des malades mentaux [1]. C'est sur eux que, dès janvier 1940, furent expérimentées les premières chambres à gaz [2]. Surtout, cette administration de la « mort douce » permit de

1. Voir André Pichot, « Génétique et eugénisme », in *La Société pure, de Darwin à Hitler*, Paris, Flammarion, 2000, p. 258 sq.

2. On estime que, entre janvier 1940 et août 1941, 70 000 victimes furent gazées, et que 175 000 autres furent tuées par « euthanasie sauvage », selon l'expression nazie, c'est-à-dire par injection de phénol ou par inanition (Y. Ternon et S. Helman, *Le Massacre des aliénés, des théoriciens nazis aux praticiens S.S.*, Tournai, Casterman, 1971).

mettre au point le programme eugénique du Reich soit, selon son expression, l'« extermination des vies indignes d'êtres vécues » (*Vernichtung lebensunwerten Lebens*). Le mot d'euthanasie, « bonne mort », est ainsi un euphémisme, conforme à l'esprit de la langue du IIIe Reich, qui servit à couvrir les exterminations de masse, au nombre desquelles, après les malades mentaux, vint l'extermination des Juifs. Eugénisme, tendant à supprimer dès la naissance ceux qui ont été décelés « génétiquement incorrects », et euthanasie, extermination au nom de la compassion, en fait au nom d'intérêts indicibles, sont des concepts indissociables.

L'indifférence avec laquelle ils sont aujourd'hui utilisés, revendiqués, défendus par les plus beaux esprits, au nom toujours de la santé publique, en fait au nom des intérêts de la société « moderne », montre assez bien que, là aussi, le nazisme a parfaitement accompli son œuvre [1]. Le mot, dans son apparente neutralité scientifique, trahit son sens. Il renvoie

1. Ainsi Francis Crick, prix Nobel en 1962 pour sa découverte de la structure de l'A.D.N., n'hésite pas à déclarer : « Aucun enfant nouveau-né ne devrait être reconnu humain avant d'avoir passé un certain nombre de tests portant sur sa dotation génétique [...] S'il ne réussit pas ces tests, il perd son droit à la vie » (cité par A. Pichot, *op. cit.*, p. 290).

en fait à la mort horrible et solitaire, dans l'obscurité et dans l'innommable de la technologie. C'est la mort concentrationnaire, administrée industriellement au nom de la correction biologique, c'est la mort de l'extermination des anormaux, des faibles, des enfants, des vieillards, au nom cette fois, non plus de la pureté de la race, mais de la rationalité économique.

Ce n'est pas le sens de la beauté qui guide Music, dit-il, dans sa fièvre insensée de *relever* les morts, relever comme on dit d'une note, d'une inscription, d'un dessin, mais aussi comme on dit d'un corps que l'on redresse, c'est la précision. Il veut savoir, dit-il, en les regardant, en dessinant la position des corps, la forme des doigts, comment exactement ils sont morts, de quelle mort *singulière* ils ont été les proies.

Pareille inquiétude d'une « précision » s'attachant à des « sujets » terribles ou repoussants, en dehors donc de tout souci de « beauté », sans doute le séjour en Espagne l'avait préparé. Quelle pays, quelle peinture sont à ce point demeurés indifférents à l'aspect extérieur de l'être ? Peindre jusqu'à la laideur, jusqu'à la monstruosité, éprouver pour le difforme, le contrefait, le bancal, le stropiat, le nain, l'obèse, le même intérêt que pour la jolie fille, le bel hidalgo, vous et moi, autrui, son prochain ? L'art de la peinture, c'est l'art de rendre à la dignité d'homme tout être humain, quels que soient son état, ses traits, son apparence. Les petits monstres peints par Ribera, par Vélasquez, par Zurbarán, par Carreño, comme plus tard par Goya, obéissent toujours à l'esthétique classique que résumait Boileau dans son fameux distique :

Il n'est pas de serpent ni de monstre odieux
Qui par l'art imité ne puisse plaire aux yeux.

L'art de bien mourir rendait là aussi indifférent à l'aspect aimable ou repoussant des êtres. Au regard de Dieu ils étaient semblables. Au regard du peintre, ils valaient de même.

L'idéologie de l'euthanasie (ou son pendant, l'eugénie) devait en revanche mener les nazis jusqu'à considérer l'aspect extérieur de l'individu comme un motif suffisant d'extermination. Les théories sur le Beau et le Laid que les historiens d'art nazis avaient élaborées à la fin des années 20 se concrétiseraient dans les faits.

Dès 1928, l'historien d'art Paul Schultze-Naumburg, dans son livre *Kunst und Rasse*, avait ainsi cru établir que la peinture moderne, du cubisme à l'expressionnisme, se complaisait à représenter des types humains « dégénérés » dont les prototypes pouvaient se rencontrer dans les hôpitaux et dans les asiles. On commença donc à brûler ces effigies d'Otto Dix ou de Modigliani dans lesquelles on croyait reconnaître des goitreux et des microcéphales, comme au Moyen Âge on eût brûlé des représentations du diable. Plus tard, au nom de la correction génétique, on commença d'euthanasier et de gazer les malades eux-mêmes... Il était dans la logique des choses qu'on en vînt à vouloir détruire, non plus seulement les effigies, mais jusqu'à leurs modèles supposés, et que, du reflet du mal, on en vînt à vouloir anéantir la source.

C'est ainsi que dans la dernière année de la guerre, seize ans après *Kunst und Rasse*, il fut décidé d'exterminer les gens coupables d'être *laids*. À la suite d'un accord entre Himmler et le ministre de la Justice, Tierack, les « asociaux » furent transférés des prisons dans les camps de concentration[1]. Le 16 novembre 1944, les magistrats se réunirent pour dé-

1. La chambre à gaz de Dachau, dont Music déclare ne pas savoir à quelle fin elle était utilisée, fut vraisemblablement construite dans les premiers moments du camp, au moment de l'application du programme d'euthanasie. Selon Joseph Rovan (*op. cit.*, pp. 78-80), quand Dachau fut classé en camp de degré I, son fonctionnement n'avait plus lieu d'être. Cette opinion semble cependant contredite par le témoignage de Music et par celui du Dr Franz Blaha, tel que le rapporte Marcus Smith (*Dachau*, The University of New Mexico Press, 1972, p. 108).

battre d'un sujet particulier : de la laideur comme crime social. L'énoncé de l'ordre du jour était « la galerie de prisonniers asociaux dans leur apparence » (*Museum äusserlich asozialer Gefangener*). Il fut déclaré : « Au cours des diverses visites effectuées dans les pénitenciers, on a toujours pu observer des prisonniers qui — en raison de leurs traits physiques — méritent à peine le qualificatif d'humain (*Mensch*) : on croirait des avortons des Enfers (*Missgeburten der Hölle*). Ces prisonniers doivent être photographiés. On envisage qu'eux aussi devront être éliminés (*auszuschalten*). Le délit et la condamnation ne seront pas pris en considération. Seules seront soumises les photos qui montrent la difformité [1]. »

« Seigneur, donne à chacun sa propre mort, qui soit vraiment issue de cette vie... », réclamait le jeune héros de Rilke dans ses *Cahiers*. Mais en rendant la mort elle-même anonyme — car il devenait impossible de savoir si un prisonnier était mort ou vivant —, les nazis dépouillèrent la mort de sa signification. Au nom de ces mots obscurs que sont le sol et le sang, ils dépossédaient l'individu du soleil

1. Cité par Raul Hilberg, *La Destruction des Juifs d'Europe*, trad. de l'anglais par M.-F. de Paloméra, Paris, Fayard, 1988, p. 864.

aveuglant de sa mort. Sa mort ne faisait qu'entériner le fait qu'il n'avait jamais vraiment existé [1]. Mort vivant ou vivant mort, il perdait le caractère unique de l'homme, qui est de pouvoir témoigner, au-delà de sa mort — et quels qu'aient été, de son vivant, son apparence physique, et les traits, beaux ou laids, de son visage.

« Ensevelir les morts », dernier des devoirs de miséricorde, cette ultime reconnaissance manifestée au principe de la vie, les camps ne le pouvaient pas. Dachau, le premier camp de concentration créé par la S.S., fut ouvert le 22 mars 1933 pour abriter 5 000 détenus politiques. À l'automne 1944, quand Music franchit ses portes, il contient plus de 35 000 prisonniers de toute provenance. Ils meurent au rythme de deux à trois cents par jour sans que personne ne puisse prendre soin des cadavres. Ils restent là où la mort les a saisis, des jours durant, et rien n'est plus frappant dans les paroles de Music que ces descriptions hallucinées des cadavres comme les restes d'une civilisation éteinte : ces morts étaient les derniers puisque après eux personne de leur descendance n'avait pris soin de les enfouir. Les derniers des hommes en effet.

1. Hannah Arendt, *Les Origines du totalitarisme. Le système totalitaire*, Paris, Le Seuil, 1972, p. 191.

À quel geste de piété, dont ils n'eurent sans doute pas conscience, les Américains obéirent-ils quand ils exigèrent des habitants de Dachau de venir ensevelir les morts dont ils avaient la garde ?

L'ÉNORME ET L'OUTRAGE

À plusieurs reprises, Music utilise le qualificatif d'« énorme » pour rendre compte de ce qu'il voyait quotidiennement dans la vie du camp. L'adjectif peut surprendre, image de plénitude dans un monde de dénuement.

Sans doute faut-il le comprendre dans son sens étymologique : l'énorme, c'est l'écart par rapport à la norme, c'est l'anomique, ce qui ne se laisse pas décrire dans les termes du *nomos*. Mieux, c'est l'hétéronomie d'un lieu sans lieu, d'un trou noir sur les cartes, où tout corps aspiré perdait une à une les distinctions de la vie civile. L'énorme, c'est l'*hybris* de la vie concentrationnaire. « Un peintre ne pouvait pas regarder tout ça, dit-il, c'était si énorme, si énorme » : l'énorme, ici, est ce qui excède la vision, ce que le regard ne peut pas contenir, ne peut pas absorber. Pas même le regard d'un peintre. C'est ce qui va outre, c'est l'outrance de la vision humaine. C'est ce que les yeux humains n'ont jamais vu ou ne devraient jamais voir. C'est ce qui va outre la mesure des sens de l'homme. L'énorme, c'est l'*outrage* fait à l'humain.

Dans son essai sur le sacré, Rudolf Otto fait de l'énorme l'une des catégorie du numineux. « Dans son sens fondamental, dit-il, il signifie ce qu'il y a d'épouvantable, de *sinistre* dans le numineux [1]. » C'est la notion même d'énorme, telle que Faust l'utilise, qu'il place même en exergue du livre :

Ce qu'il y a de meilleur en l'homme, c'est de pouvoir frémir.
Le monde a beau pouvoir lui faire payer cher le sentiment,
L'homme, saisi, s'émeut profondément devant l'énorme [2].

Le frémissement devant l'énorme — *das Ungeheure* —, c'est en fait l'effroi devant ce qui ne peut se laisser circonscrire par les mots, qui

1. Rudolf Otto, *Das Heilige*, trad. fr. *Le Sacré. L'élément non rationnel dans l'idée du divin et sa relation avec le rationnel*, Paris, Payot, 1949 (1929), p. 69.

2. *Das Schaudern ist der Menschheit bestes Teil ;*
Wie auch die Welt ihm das Gefühl verteure,
Ergriffen, fühlt er tief das Ungeheure.
(*Faust*, 2e partie, Ier acte.)

échappe à la compréhension et à la mesure. L'énorme n'est pas ainsi seulement ce qui échappe au *nomos*, c'est le *deinos* grec, un terrible qui laisse sans voix. Cet arrachement de la voix, qui empêche de désigner les choses, qui renvoie les spectacles du monde à un ineffable monstrueux, est analogue, dans l'ordre de l'oralité, à ce qui, dans l'ordre de la visibilité, laisse le détenu sans visage, le prive du vis-à-vis par lequel l'homme marque sa présence face à autrui [1].

LA HAUTESSE DE L'HOMME

À la suite d'un accident qui devait le tenir immobilisé à l'hôpital, Music a dessiné une série étonnante de portraits de lui-même. Plutôt que d'un journal, ces feuillets, fruits de la maladie et de la réclusion dans une chambre, semblent ceux d'une éphéméride.

1. *La Belle et la Bête*, le conte de Mme Leprince de Beaumont, se traduit en allemand par *Bella und das Ungeheure*. L'« énorme », en ce sens, c'est le *monstre*, le tout autre, *das ganz Andere*, la face bestiale de l'homme que, à l'instar du *Portrait de Dorian Gray*, nous portons tous en nous, en tant qu'il s'oppose au Beau, comme principe d'une harmonie morale et morphologique, à atteindre au-delà des apparences.

Ce qui a été confié au papier, jour après jour, est trop grave pour n'être que les pages d'un carnet de bord, trop libre aussi, dans la volatilité du trait, pour se contenter de la régularité un peu lourde du genre. Il y a dans l'éphéméride le sens d'une révélation et le sentiment d'une urgence, que le journal n'a pas. Il est différent de la chronique ordonnée et volontaire. Mais il ne se réduit pas non plus au bourdonnement distrait de l'insecte que son nom évoque et qui voltige avant de disparaître, ignorant de sa brève existence.

Une éphéméride, à l'origine, a partie liée avec le zodiaque et le cours des astres. Par image, en tant que projet personnel, elle fait référence à ces cycles, plus ou moins vastes, qui, à l'intérieur de nous, nous font revenir sur des moments passés, et les redécouvrir à la lueur du moment présent. Le mot a aussi été contaminé, nous apprend le lexique, par le sens de l'épidémie, de l'« effimérie », comme on disait en vieux français : l'idée de la maladie, en ce qu'elle est perpétuelle récidive, retour obstiné du mal, couve en son sein.

Quel mal exactement ? « *Kameraden, ich bin der letzte* », s'écrie, au moment d'être pendu, le révolté de Birkenau, pour alléger son indicible souffrance et fortifier sa foi [1]. « Camarades, je

1. Primo Levi, *op. cit.*, chap. 16, « Le dernier ».

suis le dernier » : la foule des *Häftlinge*, massée devant l'échafaud, ne murmure rien. Il n'est pas le dernier, pense-t-elle. Sans doute. Nul homme, même dans la situation la plus extrême, ne peut se dire le dernier des hommes. On peut prendre cette affirmation comme on veut : signe d'un désespoir absolu, pour ce qui regarde la permanence du mal, signe aussi d'un espoir surhumain, la confiance que le jour viendra encore, si dure ait été la nuit, reviendra aussi, pour d'autres yeux.

Sans doute, il y a cette interrogation, et cette espérance, en sourdine, derrière ces confidences nées d'un moment de désarroi. Des images du passé, qui engageaient une histoire collective, et la mort administrée en masse se dessinent en filigrane dans l'épaisseur de ces tracés de plomb. Ils nourrissent la solitude apparente de ces autoportraits, comme ils troublent l'intimité rassurante des doubles portraits. Ils réactivent, comme on le dit d'un mal, des souffrances qui n'étaient qu'assoupies.

Il n'y a pourtant, en eux, aucun *pathos*, aucune complaisance à la plainte. Un homme se dresse, d'une admirable tenue. Pour évoquer Schiller : « La dignité elle aussi a ses degrés divers, lorsqu'elle se rapproche de la grâce et de la beauté, elle devient *noblesse*,

lorsqu'elle confine au terrible, elle devient *hautesse* (*Hoheit*)[1]. »

De quoi traite l'autoportrait et, voisin de lui dans son intimité partagée, de quoi traite le double portrait de l'artiste et de sa compagne, sinon d'un effet de conjuration ? Conjurer, par l'effort du trait, par la magie du portrait, le maléfice de ces visages qui ont sombré dans l'anonymat de la masse, exorciser par l'exercice quotidien de la raison, qui chasse les monstres (ou bien est-ce une forme de la prière, qui calme l'âme ?), désenvoûter durant les quelques moments bénis où l'on dessine, dans le tracé souple et distinct qui désemmêle et qui débrouille, ces *volti* ou ces *Vehme*, ces visages spectraux trop prompts à reparaître ?

Mais dire cela, c'est forcer le trait, peut-être, alors que ce qui fait sa grâce, encore une fois, c'est de ne pas s'attarder, de s'alléger au moment même où sa beauté atteindrait le seuil du terrible. Il y a comme une affinité nécessaire entre la noblesse de ces effigies, seules ou accouplées, dans leur rigoureuse frontalité qui nous propose un face-à-face sans jamais nous imposer un vis-à-vis, et la simplicité du maté-

1. Friedrich von Schiller, *Ueber Anmuth und Würde*, trad. de l'allemand par Emmanuel Martineau (*Grâce et dignité*).

riau qui les compose. C'est tantôt la mine de plomb et tantôt les trois crayons : une simplicité élémentaire, qui nous ramène, là aussi, au temps premier, quasi géologique, quand n'existaient, pour retracer le monde, que la craie, la cendre, le bois carbonisé, la suie et les terres. Couleurs essentielles, le graphite et son luisant de verre, le blanc, réserve ou lumière, les *ochra* jaunes, orangées ou rouges, ces miels qui nourrissent la vie ; enfin le noir, quand il faut bien marquer le deuil. Moments essentiels, toujours recommencés, tons naturels, dont aucun artifice, aucun colorant ne vient déranger l'équilibre, cosmétique primitive, tracés d'une genèse, toujours la même.

Et puis, il y a autre chose dans ces effigies graves et tourmentées, qui ne laissent si peu voir pourtant de leur trouble. Quelque chose qui les rapproche, par quel étrange détour, de l'art du portrait romain, tel qu'il se développa vers les IIe et IIIe siècles de notre ère, singulièrement dans l'Italie du Nord, autour d'Aquilée, par exemple. Une douleur secrète envahit ces portraits qui jusqu'alors ne perpétuaient que la dignité hautaine d'un lignage et la composition un peu apprêtée d'une fonction. Moins douleur physique qu'affliction, angoisse morale, trouble intérieur. Elle se marque par des yeux agrandis au-delà de la normale, souvent par une inclinaison de la tête qui accompagne l'expression pathétique, surtout par une décomposition de la structure correcte de l'anatomie faciale. En peinture, le naturalisme de l'époque classique cède devant un tachisme, un pointillisme qui éparpille la forme, qui dissout la cohésion organique. L'historien des idées a su reconnaître les sources de ce trouble, qui saisit tout l'Empire et qui annonce sa ruine[1]. « Le monde est décrépit » annonce Cyprien, en écho aux prophéties âpres et lucides de Tertullien. Le sentiment envahit peu à peu les esprits les plus fins du temps d'une fatalité de la liquidation des valeurs, et de la nécessité d'un renouvellement ultérieur.

« Nous ne sommes pas les derniers » : ce début du XXIe siècle à son tour, *da capo*, semble faire surgir, à la convergence d'une destinée personnelle et d'une histoire collective, inquiets, imprévus, mais pourtant contenus par une égale sérénité, les nouveaux *capricci* d'un monde qui s'éteint, tandis que se dessine un autre règne. « Pas de cris, pas de convulsions, rien que la fixité d'un visage pensif, écrivait Flaubert. Les dieux n'étant plus et le Christ n'étant pas encore, il y a eu, de Cicéron à Marc Aurèle, un moment unique où l'homme seul a été. Je ne trouve nulle part cette grandeur[2]. »

1. Nous reprenons les analyses de Bianchi Bandinelli.
2. Cité par Jean Grenier, *Lettres d'Égypte*, Paris, Gallimard, 1962, p. 153.

Et puis, plus émouvants encore — je ne vois guère en notre temps que certains autoportraits de Bonnard, certaines figures de Giacometti pour atteindre à cette *hautesse* — sont ces doubles portraits où l'homme, comme il se doit, s'efface derrière sa compagne. Ils sont comme allongés l'un et l'autre sur une *klinè*, un lit de repos, et des étoffes aux grands plis souples les recouvrent et les unissent : ils sont redressés et, comme sur les sarcophages attiques du Musée capitolin, nous regardent, unis dans une félicité qui n'est déjà plus de notre monde.

Music n'aura jamais peint que l'immédiat et l'irrémédiable. L'immédiatement proche du visage et l'irrémédiablement loin du cadavre. Son œuvre, c'est son visage et celui de sa compagne — ce qui est demeuré infiniment familier et qu'il tient, qu'il contient, qu'il retient, avec lequel il garde sa contenance. À l'autre bord, c'est la nature indifférente et muette — nulle complicité romantique dans ces paysages — ou bien encore c'est l'homme devenu chose, le cadavre, ce qui n'est plus de ce monde, hors d'atteinte. Entre ces deux extrêmes de l'infiniment familier et du radicalement étranger, tout ce qui existe, qui passe et fait le quotidien, les inconnus que l'on croise, les apparences, les rencontres, les mots que l'on échange, ne serait que mondanité, dissipation, façon de passer le temps qui ne mérite que l'attention de la politesse.

Cet homme qui confiait, il y a dix ans : « Il faudrait pouvoir travailler les yeux fermés », se tient aujourd'hui, frappé de cécité, dans un éloignement qui est aussi la plus éclatante des proximités. La formule était saisissante, qui résume l'énigme de la création, son paradoxe majeur : effort de lucidité, elle n'est jamais plus belle que lorsque l'obscurité la suscite. Parfois, dans le demi-sommeil de la nuit, il arrive que l'esprit, libéré de la pesanteur du corps, formule des idées, des phrases si lucides, si pleines de clarté, qu'on n'a pas de plus grande hâte que de vouloir les saisir. On sait pourtant qu'à peine ébauché le geste vers le crayon et vers la feuille, elles se seront effacées, et qu'aucun labeur, durant la journée qui vient, ne suffira à en retrouver ne serait-ce que la trace. Elles étaient le fruit d'un cerveau aérien, que rien n'attachait plus, dans le silence et la nuit, à l'attraction des sens. Vouloir les fixer, c'était les perdre, comme un oiseau s'enfuit au moindre pas, au moindre bruit. Peindre les yeux fermés, c'est alléger encore ce corps trop lourd, le mettre en balance, de façon à trouver le juste équilibre entre le petit peu de terre que porte le pinceau et le grain de lumière dont on aspire à retrouver l'éclat. Peindre les yeux fermés, c'est peindre par cœur, comme un musicien exécute un morceau qu'il aime sans regarder sa partition. C'est la musique qui habite le corps tout entier, du creux de l'oreille au bout des doigts, et il suffit de la laisser jaillir de soi sans plus se référer à l'écriture qui la conserve au-dehors. Ainsi est-il des visages, le sien et ceux qu'on a aimés, imprimés si fort en soi que c'est en aveugle que la main en trace fidèlement le contour sur la toile.

Tel est cet homme, *redivivus et vir clarissimus*, qui se dessine, dans la solitude de sa chambre, et l'abandon d'une époque anonyme et massive, songeant aux milliers de visages qui l'ont annoncé, aux yeux brûlés de fièvre, comme à ceux qui lui succéderont. Drapé d'une toge, mais n'est-ce rien d'autre que la robe de chambre ? il rappelle la figure du fabuliste, l'Ésope de Vélasquez, ou bien plutôt la version gravée qu'en fit Goya, plus dramatique et vulnérable. Figure antique, là aussi, celle de cet homme qui, au-delà de ses charges publiques, au-delà de sa personne, se fait figurer dans sa dignité et dans sa noblesse comme un philosophe parmi les philosophes et les Muses, inlassable et troublante réplique, en ce déclin de la modernité, de ces sages ou de ces stoïciens adeptes de l'ataraxie, pour qui le corps, désormais, face à l'incertitude des temps, devait se soumettre à l'âme. « Le sage dira Plotin, voudra même faire l'expérience de la souffrance[1]. » Quelle autre *mimésis*, alors, qui n'a plus rien à voir avec nos figurations simples, se fait jour, où le corps de chair et le halo d'ombre ou de lumière qui l'entourent tendent à se fondre, comme se fondent la matière et l'esprit, et s'écrasent, sur le papier les pigments gras du crayon ?

LES MUSES DÉCOMPOSÉES

Si l'on en croit Plutarque, parmi les sept mille Athéniens faits prisonniers durant l'expédition de Sicile, certains eurent la vie sauve ou encore échappèrent aux travaux forcés dans les latomies de Syracuse grâce à l'amour que les Siciliens gardaient à la poésie de leur ancienne patrie. Les rescapés furent ceux qui surent réciter par cœur à leurs vainqueurs des vers des tragédies d'Euripide. « Plusieurs de ceux qui purent échapper de cette captivité et retourner à Athènes, nous dit Jacques Amyot dans sa merveilleuse traduction, allaient saluer et remercier affectueusement Euripide, lui contant les uns comment ils avaient été délivrés de servitude

1. *Ennéades*, I, IV, 14.

pour avoir enseigné ce qu'ils avaient retenu en mémoire de ses œuvres, les autres comme après la bataille s'étant sauvés de vitesse en allant vagabonds çà et là parmi les champs, ils avaient trouvé qui leur donnait à boire et à manger pour chanter de ses carmes... [1]. »

Les nazis, qui se voulaient les descendants des Grecs, n'appliquèrent pas ce trait de clémence antique aux déportés travaillant dans les carrières de Mauthausen ou dans les mines de sel de Helmstedt. Citer Goethe ou Schiller ne fut à ces derniers d'aucun secours. La haute culture germanique était l'apanage de la race des seigneurs. Elle ne pouvait être partagée par les « sous-hommes » qui peuplaient le monde concentrationnaire. Déchiffrer Bach ou Beethoven était le privilège des commandants des camps, leur journée de travail terminée. Cela n'accorderait pas le sauf-conduit d'un prisonnier musicien.

Cependant la mémoire et la culture, qui sont choses à peu près synonymes, jouèrent, on le sait, un rôle majeur dans le destin des déportés. Qui se souvenait pouvait espérer

1. Plutarque, *Les Vies des Hommes illustres*, chap. LII, « Vie de Nicias ». L'édition la plus accessible est celle de la Pléiade, Paris, Gallimard, 1951, t. II, p. 7 sq. Voir aussi Justina Gregory, *Euripides and the Instruction of the Atheneans*, New York, 1991, p. 179.

survivre. Qui conservait en soi une trace du monde cultivé pouvait encore espérer résister à la mort. Ce que l'on garde en tête est le seul bien que la barbarie ne puisse vous ôter. C'est le dernier trait d'identité quand tout vous a été retiré, jusqu'à votre identité même. Savoir un poème par cœur vous met à l'abri du désastre. Faire resurgir en soi l'écho de ce qui fut naguère un patrimoine spirituel est un viatique, à l'égal de l'ostie au regard du croyant.

Le ressort ne vaut pas seulement pour les situations extrêmes. Qui, au cœur de la nuit, dans l'angoisse de l'insomnie rebelle, n'a pas trouvé, dans la lecture d'un livre de chevet où s'entendait soudain une voix surgie du fond des siècles, un apaisement qu'aucun somnifère ne vous avait procuré ?

Ce sont des passages de *La Divine Comédie* que Primo Levi, à Auschwitz, se remémore. Et à mesure que les mots reprennent corps, l'horreur semble céder.

Certains, il est vrai, firent commerce de savoir chanter des carmes en échange du boire et du manger. Joseph Rovan à Dachau — et son épreuve est semblable à celle de Music dessinant contre un peu de nourriture — entreprend d'écrire, pour un sous-officier de la section politique, en échange de quelques boules de pain, des chapitres de l'histoire uni-

verselle, de l'Égypte ancienne à la Rome de Constantin[1]. Mais l'épreuve, ici et là, va au-delà de l'échange mercantile, des vivres contre une œuvre. Elle ouvre à l'esprit des capacités insoupçonnées de résistance. Dessiner, écrire, se souvenir devient bientôt un but en soi, la modeste mais décisive expérience par laquelle se faufile, à la pointe du crayon, toute l'énergie accumulée par les siècles, comme la foudre au bout d'un éclateur.

David Rousset, à Buchenwald cette fois, pour échapper à la lente désagrégation de son esprit, met sur pied, aidé par son ami Francis Crémieux, une série de causeries sur l'histoire et la géographie à l'intention de ses compagnons de captivité[2].

François Le Lionnais, pour échapper à l'enfer de Dora, le pire des camps de concentration, imagine d'abord d'établir par la seule remémoration une sorte d'inventaire de tout ce que les civilisations ont pu édifier, Théorie des Nombres, Électricité, Optique, Chimie. Puis de feuilleter en esprit un grand livre de Peinture, de recomposer par les seuls yeux de la pensée les grandes œuvres de l'art. Défilent

1. Joseph Rovan, *op. cit.*, p. 164, « Wilhelm Rappl et l'histoire universelle ».

2. David Rousset, *Les Jours de notre mort*, Paris, Le Pavois, 1947, chap. IX, « Les esclaves ne donnent que leur corps ».

ainsi dans son esprit *La Vierge au chancelier Rolin* de Van Eyck, en essayant de reconstituer chacun des chapiteaux, avec les positions diverses des lapins, *Saint François recevant les stigmates* de Giotto, *La Fuite de Sodome* de Lucas de Leyde, la *Mélancolie* de Dürer, dont il recompose le carré magique en se souvenant qu'il contient la date de sa création, 1514. Une galerie d'œuvres immatérielles se dispose au fond du tunnel où mouraient par centaines les détenus, et dont parfois s'isolent, comme hallucinés, un détail, une couleur qui lui offrent la grâce, pour quelques moments, de supporter l'épouvantable [1].

Les exemples sont plus nombreux qu'on ne l'imagine. Ce recours à la mémoire, ce soutien d'un trésor de culture, fut commun à tous les camps, quelle que fût l'idéologie qui les avait construits. Emprisonné durant l'hiver 40-41 au camp de concentration de Griazowietz par les Soviétiques, le peintre Joseph Czapsky entreprend de donner à ses compagnons de captivité un cours sur Proust et Delacroix. Il leur commente, par des températures de – 45° et mourant de faim, *À la recherche du temps perdu* [2].

1. François Le Lionnais, « La Peinture à Dora », in *Confluences*, n° 10, mars 1946 ; rééd. Paris, L'Échoppe, 1999.
2. Joseph Czapsky, *Proust contre la déchéance. Conférences au camp de Griazowietz*, Paris, Éd. Noir sur Blanc, 1987.

Tous ces exercices spirituels, si dérisoires semblent-ils, trouvaient leur sens dans la présence du témoin. Compagnon de misère, il était à la fois un soutien moral et un plus faible que soi, qu'il fallait protéger. C'était Pikolo, le petit Alsacien de Primo Levi, c'était le Jean Gaillard de Le Lionnais, c'était Ivo G. pour Music. Ce pouvait être une assemblée avec qui l'on partageait son savoir. Le sauvetage s'opère, non dans la solitude du monologue, mais dans la transmission de la parole.

L'un des *exempla* les plus déchirants de cette Université des Enfers est celui d'Ossip Mandelstam. C'est après avoir été une première fois exilé en 1934, et privé de tout moyen d'existence, qu'il compose les *Cahiers de Voronej*. Ensuite, déporté au goulag dans un camp proche de Vladivostok, il mourra, au début de l'hiver 1938.

Aucune bibliothèque, aucun livre pour aider ces damnés du monde moderne. Seule la mémoire de ce qu'ils avaient lu ou vu durant le temps de paix pouvait les aider à franchir les portes de fer. Une mnémotechnique des jours heureux affrontait l'amnésie du temps des brutes. Pour lutter contre l'anéantissement de l'âme, les poèmes, les tableaux, les savoirs étaient page après page remémorés, convoqués, invoqués. Pour masquer la réalité des barbelés, des miradors, des fossés et des fours, l'esprit trouvait moyen de dresser le décor fugace, immatériel, d'un étonnant Théâtre de Mémoire.

Ce que vous avez dans la mémoire, aucune Gestapo, aucune Guépéou, aucune C.I.A. ne peut vous le prendre.

Deux conceptions du temps s'opposent ici. D'un côté Cronos, fils d'Ouranos et de Gaia, le dieu archaïque et cannibale, maître du temps technique et circulaire des horloges et des révolutions, qui exige à chaque instant la table rase, l'appétit inapaisable qui dévore, au nom du nouveau, l'un après l'autre, ses propres enfants et n'est jamais que l'éternel et terrifiant retour du même. De l'autre Mnémosyne, fille elle aussi du Ciel et de la Terre, mais qui en est la mémoire, la miséricordieuse, qui enfante les Muses, les couve maternellement et, par leurs bienfaits, nous délivre un instant de l'Histoire et de sa tyrannie.

De quel modèle, un demi-siècle après la fermeture des camps, notre civilisation s'inspire-t-elle ?

Il y a longtemps qu'à l'école on n'apprend plus par cœur des poèmes. Ce serait trop rétrograde. Il y a longtemps qu'aux Beaux-Arts on n'enseigne plus à dessiner. Ce serait trop démodé.

On n'apprend plus les poèmes par cœur. On ne sait plus comment dessiner. Pourquoi lire encore des livres anciens ? Pourquoi réciter les poètes ? Pourquoi peindre et dessiner ? Le lien avec le passé — la culture — doit se rompre enfin pour permettre à tous, dans l'égalitarisme démocratique de la table rase, d'être enfin libérés du poids insupportable du passé.

Effacer la mémoire de notre histoire avait été la mission du nazisme. Effacer d'abord la mémoire du judaïsme et de la culpabilité qu'entretient la mémoire du Mal. Mais aussi effacer la mémoire du monde judéo-chrétien, sa pitié, sa compassion, sa culpabilité, et d'un monde redevenu païen, innocent et fort, faire la demeure du Surhomme, la bête athlétique et souriante, sans défaut ni souvenir.

Effacer la mémoire est aussi devenu l'idéal tacite de la société contemporaine. Et son école, trop souvent, est devenue le lieu de l'apprentissage de pareil effacement. Abandonner les connaissances au nom des « compétences », refuser les maîtres au nom des « médiateurs », ne plus rien apprendre, pour mieux laisser parler la « créativité »... Le rêve de l'Homme nouveau qui traverse cette pédagogie se mélange étrangement à celui des totalitarismes. Il s'agit toujours de supprimer les élites, de même que le nazisme et le communisme furent la revanche haineuse de la plèbe contre la dernière aristocratie de l'Europe qui avait été l'aristocratie de l'esprit.

Le footballeur, le rocker, l'animateur, le D.J., la cover-girl, le comique : c'est chaque soir, s'agitant sur l'écran, muscles lisses, dentitions éclatantes, visages hilares, la force par la joie. *Kraft durch Freude*[1] : les nazis, dans leur politique des loisirs, n'en demandaient pas tant.

Hédonisme, culte obsédant du corps, événements sportifs hissés au rang d'épiphanies pour les masses, paganisme obscène d'une humanité décidée à ne jouir que d'elle-même, juvénilisme et éphébisme hissés au rang de bien suprême, jargon technocratique destiné à entretenir l'imposture intellectuelle et le mensonge, principe de plaisir systématiquement substitué au principe de réalité, invocation d'une mystérieuse Modernité adorée chaque jour, chaque heure et en toute circonstance, mythe d'une vie qui atteindrait cent ou mille ans, voire enfin délivrée de la mort, eugénisme enfin de plus en plus ouvertement revendiqué par les scientifiques[2] ne sont que quelques-uns des traits qui semblent démontrer que les

1. En abrégé K.d.F. : le système d'organisation nazi des loisirs pour les travailleurs, créé dans le cadre du Front du travail par le Dr Ley.

2. Par exemple, le philosophe utilitariste Peter Singer dans ses *Questions d'éthique pratique*, Paris, Bayard, 1997.

idéaux totalitaires, qui ne prisaient rien tant que les jeunes, le jargon, la modernité, les festivités païennes, le millénarisme et le mépris des « vies qui ne valent pas d'être vécues », ont sournoisement triomphé.

Dans *Homo sacer*, Giorgio Agamben est amené à faire du système concentrationnaire le *nomos* de la modernité. Rappelant ce qu'était, dans le droit romain archaïque, l'*homo sacer*, l'homme que l'on peut tuer sans commettre d'homicide, mais qu'on ne peut pas mettre à mort dans les formes rituelles, il est amené à constater que « les condamnés à mort et les habitants des camps sont inconsciemment assimilés, en un certain sens, à des *homines sacri*, à une vie que l'on peut ôter sans commettre d'homicide[1] ».

Pourtant, par le seul usage de sa mémoire, de sa raison, de sa pensée, de ses mains, Music, et d'autres écrivains, artistes, professeurs ont réussi à repousser la déchéance du camp et à maintenir les lois de la cité. Par la pauvre action, obstinément poursuivie, de quelques dessins, de quelques vers remémorés, ou de quelques cours, la vie nue, la vie

1. Giorgio Agamben, *Homo sacer. Le pouvoir souverain et la vie nue*, trad. de l'italien par Marilène Raiola, Paris, Le Seuil, 1995, p. 172.

biologique, l'existence commune aux êtres vivants, la vie-sans-la-personne à laquelle le camp les avait réduits, susceptible donc d'être ôtée à tout moment comme elle le fut dans le monde concentrationnaire, n'a pas réussi à prévaloir sur l'habitus de la vie dans sa dimension de rapport à autrui, la vie en société, la vie comme façon réfléchie de vivre et de se comporter, dans la vie et dans la mort, avec ses semblables. Pour reprendre la distinction introduite par Aristote, la *zoé* n'a pas prévalu sur le *bios*, pas plus que Cronos n'a triomphé de Mnémosyne.

Que vaut cependant aujourd'hui leur expérience singulière ? Auront-ils été les derniers à échapper à la catastrophe, ou bien sont-ils au contraire les précurseurs, ou plutôt les cobayes d'un temps où sur chaque homme est désormais suspendue la menace de devenir *homo sacer*, non plus dans l'exceptionnel des camps, mais dans l'ordinaire des jours, sacrifiable en effet au nom d'un pouvoir biologique des États qui accomplirait au XXIe siècle ce que les régimes totalitaires, au XXe, n'auront jamais fait qu'expérimenter ?

À la fin de la Seconde Guerre, Thomas Mann, dans *Le Docteur Faustus*, semble nous dire qu'après Dachau et Buchenwald, c'est le peuple allemand qui sera tenu à son tour d'assumer la condition qu'il avait imposée à ses victimes. Lui aussi connaîtra la perte de l'identité de soi, sinon celle qu'impose un ghetto, lui aussi souffrira la perte de ses traits. Ce sera « un peuple appelé à vivre dorénavant replié sur soi comme les Juifs du Ghetto… un peuple qui a perdu la face ».

Mais encore, dit le grand écrivain, après la vision de ces cadavres empilés si près des murs des cités, la vision même qui, selon Socrate, attirait et repoussait le regard de Léontios, mais à l'extérieur des murs pour que les citoyens puissent affirmer n'en rien savoir, la création, l'acte de créer dans la modernité, fondé qu'il est désormais sur ce mensonge initial, sur ce déni de la mort infligée, sur ce refus de considérer les corps inertes, ne peut plus être que le fruit d'un pacte avec le diable. « Un pacte du sang qui contient une négativité de la religion. » « L'art est désormais impraticable sans l'aide de Satan, fait-il dire au musicien d'avant-garde Adrian Leverkühn. L'art est à un point mort et devenu trop lourd se raille lui-même d'être devenu trop lourd [1]… »

On ne croit plus guère en Satan. Et cependant, c'est Dieu qui donnait la légèreté aux cadavres pour nous permettre d'en supporter

1. Thomas Mann, *Le Docteur Faustus*, trad. fr. par Louise Servicen, Paris, Albin Michel, chap. XLVI.

le poids, et à l'art la force de les faire s'envoler dans ses œuvres. Satan qui s'amuse à nous en faire oublier la réalité grève en revanche l'art d'un fardeau tel qu'il ne peut plus rien faire que gesticuler sur place, idole lourde et grotesque.

ENTRETIEN AVEC ZORAN MUSIC

L'établissement du texte qui suit a été réalisé à partir de quatre entretiens qui ont eu lieu dans l'atelier de l'artiste à Venise entre le 3 et le 8 août 1998. Âgé alors de quatre-vingt-dix ans, Zoran Music a éprouvé parfois de la peine à préciser certains faits, ou à distinguer certains souvenirs vécus de certains faits rapportés. Au regard de ces incertitudes, nous avons en note, chaque fois que cela était possible, apporté les corrections nécessaires, en nous fondant sur d'autres témoignages, publiés ou oraux. Parmi ces derniers, nous devons dire notre reconnaissance à Ivo G., compatriote et compagnon de captivité de Zoran Music. Âgé de seize ans quand il fut arrêté, il garde de cette période des souvenirs très vivaces qui nous ont permis ces précisions.

Le principal embarras vient de la date à laquelle ces dessins et les souvenirs qui leur sont attachés ont été faits. Certains l'ont été, dans les conditions les plus périlleuses, durant la période nazie. D'autres ont été faits après la libération du camp, entre le 29 avril 1945 et la fin juin, quand Dachau s'est trouvé sous l'administration américaine. De la première période, beaucoup ont été détruits, soit en raison de l'extrême fragilité de leur support, soit en raison des destructions des lieux où ils se trouvaient cachés, comme le rapporte Music. Ce sont par exemple des dessins à l'encre, diluée à l'eau, peu lisibles comme le dessin de la page 107. Les références obsessionnelles de Music aux « montagnes de cadavres », et les dessins qui les représentent, concernent essentiellement la seconde période, lorsque l'épidémie de typhus entraîne une mortalité galopante parmi les détenus déjà affamés, à qui les rations soudain abondantes de « corned-beef » n'apportent pas nécessairement le salut. En fait, les nazis avaient réussi à éliminer les cadavres au fur et à mesure, en les brûlant à la chaîne, et de façon à ne laisser aucune trace. Et ce sont les Alliés, après la libération du camp, et confrontés au déclenchement de l'épidémie, qui vont devoir affronter le problème d'avoir à « traiter » soudain de l'accumulation de milliers de corps (voir note 2, p. 126).

Quelle fut votre première impression à Dachau ?

Des cadavres partout. On ne les comptait plus. C'était un monde hallucinant, une espèce de paysage, des montagnes de cadavres. Circulant parmi elles, il y avait ceux qui étaient chargés d'ouvrir les bouches et de récupérer les dents en or. Bien sûr, il y avait aussi quelqu'un qui contrôlait. C'est lui qu'on voit dans un de mes dessins, debout sur son tabouret. Il compte en entendant les dents tomber dans les bassines. Il contrôle. Mais personne ne pensait à voler.

Il y avait aussi des mourants parmi ces morts, des corps qui n'étaient pas encore tout à fait morts. Il fallait les enjamber, ou marcher dessus. Eux, de l'autre côté, nous regardaient avec des yeux perdus… nous suivaient des yeux… ils n'avaient plus la force d'appeler à l'aide… C'était comme une forêt, des troncs coupés, jetés de droite et de gauche, en travers… C'est comme ça qu'on empilait les cadavres, les uns sur les autres, tête-bêche, une couche comme ci, une couche comme ça, comme des bûches. Ça finissait par faire une petite tour. Le soir, la tour bougeait encore un peu. On entendait même des grincements, c'étaient les derniers gémissements des mourants. Et pendant la nuit — on était fin février[1] — il tombait un peu de neige. Et, le matin, la tour ne bougeait plus…

Au crématoire, on ne pouvait pas entasser tous les morts dans la salle des fours. Il s'est alors formée une autre pile de cadavres, à l'extérieur, parfois aussi haute que le toit.

Où avez-vous fait ces dessins ?

Partout. Dès que je pouvais. Les sujets ne manquaient pas. Naturellement, j'étais obligé de faire attention qu'on ne me voie pas. Les feuilles, je les volais dans l'usine où je travaillais, ou à l'infirmerie. J'étais souvent obligé de les couper en deux ou trois, et de les cacher sous ma chemise. Dans l'usine de fabrication de pièces métalliques où j'étais tourneur, quand on avait une petite pause et qu'on avait l'occasion de se reposer, je dessinais.

Un jour où je faisais le portrait d'un ami qui était prisonnier avec moi, j'ai brusquement entendu derrière moi la voix du commandant de l'usine. Je tremblais comme une feuille. « Qu'est-ce que je faisais là ? » Je n'étais pas capable de répondre. C'était dans le sous-sol.

« Ah, tu sais dessiner ! »

J'ai sursauté, en tremblant : « Oui, Monsieur le je-ne-sais-pas-quoi, je dessine.

— Mais, tu es peintre ?

1. Février 1945.

— Oui.
— Mais, tu as appris ?
— Oui, à l'Académie.
— À l'Académie des Beaux-Arts ?.
— Oui », je dis, toujours tremblant.
« Mais tu pourrais faire mon portrait ? Est-ce que tu sais copier un visage ?
— Oui.
— Alors, viens chez moi. »

Il m'a emmené dans son bureau. Son appartement était dans l'usine. Il y avait une grande pièce avec une bibliothèque, des tas de bibelots et des fauteuils formidables.

J'ai commencé à tracer son portrait. Mais j'avais sous ma chemise un tas de dessins de cadavres que j'avais faits dehors. Ces dessins-là, je les cachais toujours dans ma machine, à l'atelier où je travaillais. À ce moment-là, après son portrait, le commandant m'a montré une carte postale du Chiemsee[1], en me demandant : « Est-ce que tu serais capable de faire ce paysage ? » Naturellement, je pouvais ! Alors j'ai compris qu'il me tiendrait quelque temps en dehors de l'usine.

À la première occasion, j'ai pris tous les dessins cachés dans ma machine. Durant mon absence, quelqu'un d'autre me remplacerait, qui les trouverait d'une manière ou de l'autre,

1. Lac, près de Munich.

et ils seraient perdus. Je les ai donc repris, et je les ai cachés dans la bibliothèque du commandant[1]. Elle était remplie d'ouvrages sur le national-socialisme, Goebbels, Hitler, *Mein Kampf*, et les autres. Et tout ça si bien rangé que j'ai compris qu'il ne les avait jamais lus et qu'il ne les lirait sans doute jamais ! Alors, j'ai caché mes dessins derrière ces rayonnages. D'autres étaient cachés dans une pièce, au sous-sol de la fabrique. J'ai tenté de faire traîner en longueur ces exercices où je copiais les cartes postales des lacs de la Bavière.

Une fois, il a sorti une cuisse de poulet de ses bocaux et me l'a donnée. Une cuisse ! Je n'ai jamais été aussi bien payé de ma vie pour un dessin.

Quand j'ai senti qu'il allait me renvoyer, j'ai repris mes dessins et les ai cachés de nouveau dans la machine. Je ne sais pas pourquoi il m'a licencié. Il était très gentil avec moi. C'était un petit homme gros et rond.

Malheureusement la plus grande part de ces dessins a été perdue. Quand les Alliés sont arrivés pour libérer le camp, on n'est plus allé travailler dans les ateliers et je n'ai pas pu les rechercher pour les sauver. Les Américains ont sorti toutes les machines des ateliers et les ont entassées au-dehors de l'usine, sous la pluie.

1. Celle qui se trouvait au sous-sol dans le bureau de l'usine, non bien sûr au domicile privé du commandant.

Ensuite ils ont brûlé tout ce qui pouvait brûler. Comme ça, j'ai perdu pas mal de mes dessins.

Dans la journée on travaillait à l'usine. Le matin, appel. On restait pendant une heure, deux heures, tremblants sous la pluie ou la neige. On nous comptait, et de nouveau on nous comptait. Et ceux qui travaillaient étaient comptés et de nouveau comptés, et les autres qui ne pouvaient pas être amenés au *Revier*, à l'infirmerie, ceux qui étaient déjà à moitié morts, on les jetait sur la montagne de cadavres.

On dormait sur des châlits à trois étages. Mais on partageait sa couchette, qui ne faisait pas plus d'un mètre de large, avec un autre. On avait toujours les pieds de quelqu'un sur le visage.

C'est la même disposition que l'on trouvait avec les cadavres qu'on mettait tête-bêche dans les cercueils ?

On les mettait comme ça, oui. Mais ce n'étaient pas des cercueils. C'étaient des caisses. Quelquefois, quand il n'y avait plus de caisses, on les jetait sur la montagne de cadavres. Ou bien on les jetait sur des chariots et on les emmenait vers le crématoire.

À quoi servaient ces cercueils, ces boîtes ?

Elles étaient là depuis des années certainement. Au commencement du camp, en 1933, il n'y avait pas beaucoup de prisonniers. Les nazis étaient encore peut-être optimistes. Ils n'auraient besoin, croyaient-ils, que de quelques centaines de cercueils. Mais, après, il y a eu des milliers et des milliers de cadavres [1].

Après ils ont voulu tous les brûler. On a brûlé même après la libération [du camp], pour tenter d'arrêter l'épidémie de typhus [2].

Le train [des déportés] arrivait jusqu'au camp. Nous, nous étions arrivés dans un wagon d'une quarantaine de prisonniers. De Trieste, où on nous a embarqués, jusqu'à Dachau, on a mis quatre ou cinq jours [3]. On s'est d'abord arrêté à

1. En fait, les « caisses » en question étaient des caisses en carton que les Américains apportèrent à la libération du camp. Les nazis brûlaient les cadavres au fur et à mesure, sans prendre la peine de les mettre dans des caisses.

2. Annette Wieviorka rapporte l'indignation du commandant américain Blum devant le fait que les morts continuent à être brûlés « exactement comme durant le régime allemand [...] et jetés à la trappe vers le four crématoire » (« L'ouverture des camps et le rapatriement », in *Déportation et génocide*, Paris, Plon, 1992, p. 92). La nécessité de brûler les corps s'explique cependant si l'on considère le témoignage de Joseph Rovan : « Le véritable scandale du crématoire, où des centaines de cadavres restent sans sépulture depuis la libération dans un état de putréfaction et de liquéfaction avancé, afin d'offrir un spectacle suggestif aux visiteurs autorisés... » (*Contes de Dachau*, Paris, Julliard, 1987, p. 241).

3. Dans l'interview qu'il a donnée en janvier 1997 et à laquelle nous nous référerons par la suite comme *Trieste/1997*, Music dit que le voyage à Dachau, quoique « très dur », n'a duré que deux jours et une nuit (p. 30). Par comparaison avec les spectacles atroces des « arrivages » dont il sera le témoin par la suite, il considérera sa déportation comme « un voyage en première classe ».

Villach en Autriche. À ce moment-là, on pouvait encore tenir debout. On nous a fait descendre des wagons dix par dix et traverser les voies. De l'autre côté, des jeunes filles avaient préparé de grandes marmites de soupe. J'ai tout de suite compris qu'on était à Villach. L'une des jeunes filles parlait slovène et je me suis adressé à elle dans sa langue, et elle m'a donné une double ration ! C'est à ce moment que je me suis souvenu que lorsque j'avais cinq ans, quand la Première Guerre mondiale a éclaté, ma famille avait fui de Gorizia à Klagenfurt [1]. Je m'étais échappé, sur ces mêmes voies, et j'avais terminé ma course sous une locomotive. Ma mère, en criant, était venue me rechercher. Et, trente ans après, je me retrouvais dans la même gare, mais encadré d'une autre manière. Après Villach, on a continué, continué, sans savoir où. À Munich, on est resté sur une voie pendant je ne sais combien de temps. C'est la nuit qu'on est arrivé à Dachau.

Quand on ouvrait les portes des wagons, les morts tombaient, il y avait aussi des gens dans un état épouvantable, devenus fous, qui hurlaient, il y avait aussi la puanteur horrible. Pendant des jours, on n'avait pas ouvert les

1. La famille de Music habitait à deux cents mètres de l'ancienne frontière entre l'Italie et l'Austro-Hongrie. Dès la déclaration de guerre, les Autrichiens l'évacuèrent pour l'envoyer en Styrie.

portes ! Alors, comme ça, on nous a évacués du wagon [1]. Ceux qui pouvaient marcher marchaient, ceux qui pouvaient un peu, on les a aidés, ceux qui étaient morts, on les a jetés à côté. C'était hallucinant, le spectacle, le paysage. C'était un paysage... On ne peut pas... même un peintre ne pouvait pas décrire ça. Et puis tous ces S.S. qui criaient, qui hurlaient, qui donnaient des coups, qui te poussaient.

Rien à manger, rien à boire ?

On nous a donné un peu de soupe qui sentait je ne sais pas quoi... Mais, si tu n'avais pas de force, tu ne pouvais même pas avoir de la soupe. Et comme ça on nous a jetés d'abord dans l'énorme salle où il y avait des douches. On nous a rasés de la tête aux pieds. Avec des grands pinceaux on nous a badigeonné tout le corps d'un liquide qui brûlait terriblement [2]. Ensuite, nus, on a dû parcourir quelques centaines de mètres dans la neige jusqu'aux baraques. Là, on nous a mis pendant trois, quatre semaines en quarantaine.

On était debout toute la journée. Dans la neige, presque nus. On ne pouvait pas entrer dans les baraques pendant la journée. Alors, dans

1. Music mélange ici les souvenirs de ce qu'il voit de l'arrivée des derniers convois à Dachau et les souvenirs de son propre transport.

2. Le crésyl, un désinfectant surtout utilisé sur le bétail.

le froid, appuyés sur la baraque, on s'est mis les uns sur les autres, bras dessus, bras dessous, comme ça, pour avoir un peu de chaleur. Avec le temps qui passait, on a commencé à bouger toute la masse de ces corps, à gauche, à droite, à gauche, à droite, commençant à murmurer une chanson, comme ça, « lalalala... » Et on est resté là, comme ça pendant toute la journée. [Les jours suivants] on était toujours là, en train d'attendre. On n'avait pas de travail et on était là toute la journée, assis, oisifs, entre les baraques. J'avais des amis, dont un vieux professeur de géographie que j'avais eu à la *Realschule*. C'était aussi le directeur de mon lycée. Il venait de Maribor. D'autres amis de ma famille, plus âgés que moi, étaient là aussi. Moi j'avais à ce moment-là trente, trente-cinq ans [1]. Mais il y avait des gens de soixante-dix, quatre-vingts ans. Ils ne pouvaient pas résister longtemps. La plupart avaient été arrêtés pour des motifs politiques.

Ceux qui étaient encore assez forts avaient de la chance. Car, après, on a distribué du travail. On m'a mis dans une usine de pièces métalliques, où j'ai eu la chance de pouvoir disposer de quelques mètres d'espace, autour de la machine.

Vous m'avez parlé, à propos de la hiérarchie du camp, du détenu qui avait été le quatrième détenu

1. Music est né le 12 février 1909.

de Dachau, numéro 4[1]*, et qui est mort juste un mois après la libération.*

Les prisonniers portaient la lettre de leur nationalité, P pour Polonais, F pour Français. Il y avait un Polonais qui avait un numéro très très bas. Moi j'avais le numéro, je ne sais pas combien, cent mille et quelque[2]... Tandis que celui-là il avait le numéro 4. Ça veut dire qu'il était le quatrième prisonnier entré au camp depuis 1933, depuis l'ouverture. Il est mort quelques jours avant la libération[3].

On parlait toutes les langues. J'avais des amis tchèques, des amis polonais. Puis il y avait des castes. Les Polonais étaient sur la réserve parce qu'ils étaient les plus anciens et puis les plus maltraités. Ils se tenaient à l'écart[4].

1. Dans *Trieste/1997*, le n° 5.
2. En fait le numéro 128231.
3. Il était donc devenu le *Lagerältester*, le détenu doyen du camp.
4. Les Polonais furent la première nationalité à être déportée à Dachau, dès l'invasion de leur pays, en septembre 1939. Prisonniers de la première heure, très nationalistes, certains survivants endurcis d'années de mauvais traitements finirent par occuper dans la hiérarchie du camp d'importantes positions comme *Kapos*, particulièrement craints et haïs des autres détenus. Music, à mi-voix, comme d'habitude, laisse transparaître ce ressentiment. Joseph Rovan apporte le même témoignage : « Aucune des autres communautés ne possédait une conscience nationale aussi forte, aussi envahissante » (Joseph Rovan, *op. cit.*, pp. 71-72).

J'avais quelques amis slovènes, quelques amis allemands (qui parlaient allemand), une poignée de Viennois surtout, des gens de culture, de théâtre, des écrivains. Quand l'*Anschluss* est arrivé, les nazis ont nettoyé à Vienne tous ceux qui ne pensaient pas comme eux et les ont envoyés à Dachau. Dachau était le centre des Autrichiens.

Je regarde un dessin où l'on voit des fours. Il y en avait combien ?

J'en ai vu fonctionner trois [1].

Mais d'abord je me souviens qu'à l'usine où on travaillait, en sous-sol, il y avait un grand réfectoire. Et en regardant le mur près de la grande table où on était assis pour manger, j'ai vu comment ces usines avaient été construites. Pour faire le mur, on creusait un fossé et on jetait le ciment dedans. Je l'ai vu faire parce qu'on construisait toujours de nouvelles usines, on agrandissait sans cesse parce qu'on travaillait pour la guerre [2]. Dans la salle, ma place était à côté du mur. Dans le mur, il y avait un trou. Les plus anciens racontaient aux nou-

1. Music les a vus fonctionner sous l'administration américaine, quand il était devenu indispensable de reprendre la crémation des cadavres pour stopper le typhus (voir note 2, p. 126). Pendant la période nazie, seuls les Kommandos qui les alimentaient pouvaient voir de leurs yeux ce qu'il en était.

2. Dachau, en 1944, deviendra l'un des centres de fabrication des nouvelles armes secrètes.

veaux venus que, lorsqu'on construisait l'usine, des prisonniers coupables d'indiscipline avaient été jetés dans le ciment et que leurs ossements, ensuite, étaient réapparus dans le mortier[1].

Alors, à ce moment-là, je me suis demandé si le trou que je voyais... comme le ciment ne tenait pas très bien... on m'a expliqué... C'était une atmosphère... comment pourrais-je dire... ? Drôle, non ?

Le royaume de la mort...

Mais on ne pensait à rien qu'à survivre, survivre... De toute façon, quand tu vis parmi des centaines et des centaines de morts, tu te regardes et tu sais... tu n'as plus le temps d'y réfléchir. Tu penses seulement à un morceau de pain, ou à la soupe que tu pourras encore peut-être avaler.

On nous rasait régulièrement. Aux Italiens, on conservait sur le sommet du crâne une mince bande de cinq centimètres, un chemin, on disait « chemin » pour parler de cette bande qui res-

1. Dans *Trieste/1997*, Music est plus précis sur cet épisode macabre : « Quand le Lager était encore en construction, le peloton des prisonniers sortait avec le Kapo et s'arrêtait à l'entrée où un S.S. décomptait ceux qui sortaient. Si par exemple il en comptait 89, le S.S. indiquait alors au Kapo de ne rentrer qu'avec 87, laissant entendre qu'il fallait en supprimer deux [...] Le Kapo, des années de ça, avait précipité dans le ciment frais deux des prisonniers dont il avait la charge, de façon à revenir avec deux personnes en moins » (p. 36).

semblait à une coiffure d'Indien… C'est seulement les Italiens qu'on traitait ainsi, parce que les nazis les considéraient comme des traîtres [1]. L'armée italienne avait trahi Hitler, donc aux prisonniers italiens on faisait le « chemin » ; ainsi on pouvait les repérer tout de suite.

C'était une marque d'infamie.

Oui. Les autres, on les rasait toutes les deux ou trois semaines. Les Italiens, c'était toutes les semaines !

Vous êtes passé par là ?

Non, je ne suis pas passé par là, parce qu'à l'époque j'étais slovène [2].

L'ARRESTATION

J'ai été arrêté ici, au pied de mon atelier [3] à l'angle, là, en dessous, où il y a le coiffeur. D'abord on m'a mis dans une gondole. C'était

1. « Avec les Russes, seuls les Italiens portaient la même marque d'infamie supplémentaire, les uns parce que appartenant à la sous-humanité russo-bolchevique, les autres à cause de la honteuse trahison de leur Roi et de son Maréchal. Toutes les trois semaines, tous les Häftlinge passaient sous les ciseaux mécaniques des Blockfriseure… » (Joseph Rovan, *op. cit.*, p. 68).

2. En fait, à l'époque, yougoslave.

3. Dorsoduro, 866.

la première fois de ma vie que je mettais les pieds dans une gondole.

Avec les menottes au poignet.

Oui, la première fois que je faisais une promenade dans une gondole. Et on a fait cette promenade sur tout le Grand Canal jusqu'à la Piazzale Roma. J'étais très fier ! Avec tous les S.S. autour… À la Piazzale Roma, nous attendaient trois Jeep de la Gestapo. On m'a mis dans une Jeep, avec une autre devant, une autre derrière et on est parti pour Trieste. Après Trévise, tout à coup, un chasseur anglais est arrivé en mitraillant la route. Le petit groupe s'est arrêté et s'est dispersé pour se cacher. Moi je suis resté attaché dans la voiture. Le chasseur a piqué droit, à un mètre, et j'ai pu voir son visage. Il a redressé, sans tirer, et, derrière, il a recommencé à mitrailler.

Et puis, on est arrivé à Trieste. On m'a enfermé dans un cachot, deux étages sous la rue, les pieds dans l'eau, pendant trois semaines [1].

Pourquoi ?

Parce qu'on croyait que j'étais un grand je-ne-sais-pas-quoi, un espion, un chef important. Après, ils ont compris que je n'étais pas tellement intelligent pour faire ce je-ne-sais-pas-quoi. Et on a décidé de m'envoyer en Allemagne.

1. À la Kommandantur S.S. de Trieste, Piazza Oberdan.

Les pieds dans l'eau pendant trois semaines, c'était une espèce de torture ?

La cellule ne faisait guère plus de 1,50 mètre de long, avec toujours de l'eau par terre, et je ne pouvais pas bien m'allonger [1].

Leur idée, c'était de vous obliger à vous engager dans les S.S...

Quand ils ont compris que j'étais trop idiot pour être un espion ou je-ne-sais-pas-quoi, que je n'étais pas assez habile pour ces choses-là, ils m'ont proposé de m'enrôler dans les S.S. auxiliaires de l'Istrie. Ou, si je préférais, d'aller à Dachau. Comme je savais que Dachau se trouve dans une région touristique, j'ai dit que je préférais aller à Dachau... Je savais quand même de quoi il s'agissait (*rires*)... J'ai donc embarqué à Trieste avec toute une colonne de prisonniers [2].

LA CHAMBRE À GAZ

Vous êtes retourné à Dachau ?

Je suis retourné plusieurs fois, mais malheureusement ils ont abattu les baraques et en ont tracé les contours au sol, en ciment. On voit toute cette plaine, ça ne dit rien, c'est froid. Il

1. Music mesure près d'1,90 mètre.
2. Music omet de préciser qu'avant la déportation, il fut encore enfermé un mois à la prison du Coroneo de Trieste.

reste la grande salle de douche. L'entrée, le crématoire, qui est en dehors du camp, dans le grand camp…

Vous avez retrouvé la baraque ?

Non. Ma baraque n'existe plus. Mais j'ai retrouvé l'emplacement exact où elle était, sur le plan, par terre. Je ne sais pas où ça en est maintenant. Peut-être que les fours, les chambres à gaz existent toujours ?

Il y avait des chambres à gaz à Dachau ?

Oui. Il y en avait une, au moins. Des gens disent qu'il n'y en avait pas. Mais je sais qu'il y en avait une, que j'ai pu voir, après la libération du camp [1]. À côté du crématoire même, il y avait

1. Le témoignage de Music recoupe celui de Joseph Rovan : « La salle de douches était en réalité une chambre à gaz […] Nulle trace de son fonctionnement n'apparaissait dans les innombrables papiers confidentiels qui passaient entre les mains des scribes de la Politische […] Et cependant, cette chambre à gaz, je l'ai vue de mes propres yeux à la libération… » (*op. cit.*, pp. 78-79). Il recoupe aussi celui de Marcus Smith, le médecin qui lui a montré la chambre à gaz : « There are conflicting stories about the use of the gas chamber. […] A Yugoslav says that thousands were gassed in the last three years. A Frenchman believes that the chamber has never been used. Dr. Franz Blaha, a Czech physician inmate […] believes that the gas chamber was used many times… » (Marcus J. Smith, *Dachau*, The University of New Mexico Press, 1972, p. 108). En fait, si la chambre à gaz existait, elle ne fut pas utilisée à Dachau pour les raisons que nous avons exposées en note 1, p. 89.

un grand espace avec un petit couloir, et à gauche le four, à droite une petite chambre avec au plafond des pommeaux de douche, de l'autre côté une autre porte et sur le côté une petite ouverture où on mettait les gaz.

Qui gazait-on d'après vous, à supposer que cette chambre ait été utilisée ?

Je ne sais pas car Dachau n'était pas un camp d'extermination. Je n'ai jamais compris. Comme je me suis lié d'amitié à la libération du camp avec le commandant sanitaire du camp, Marcus Smith [1], un médecin, il a voulu tout me montrer du camp, y compris la chambre à gaz. Comme il a vu que je dessinais, il a compris que j'étais peintre.

Vous avez dessiné la chambre à gaz ?

Non, ce n'était pas intéressant [2]. Je ne voulais pas illustrer, faire des documents. Je dessinais ce qui pouvait intéresser un peintre. Ceux qui étaient entassés, les uns sur les autres. Je

1. Marcus J. Smith, médecin, dirigea le *D.P. Team II5 — Displaced Persons Team* — dans les premiers mois qui suivirent la libération du camp. Il a laissé de son expérience un témoignage essentiel, cité dans la note précédente.

2. La restriction est d'importance. Elle montre le cœur de l'entreprise de Music : dessiner la mort, comprendre les « cadastres de cadavres », non pas illustrer ni documenter la réalité pour en porter témoignage.

dessinais seulement quand il y avait quelque chose qui m'intéressait. Je ne me considérais pas comme un reporter.

En même temps, vous saviez que ça servirait de témoignage ?

Non, je n'y ai pas pensé. J'étais le peintre qui devait faire ça parce qu'il ne pouvait pas faire autre chose. C'est-à-dire, c'était tellement énorme, tellement grand, grandiose.

Comme je savais dessiner, ça se voit dans les dessins, je crois, que je savais dessiner ? alors je le faisais fébrilement. Même les pendus, je les dessinais en cachette. Je m'en souviens. J'étais à l'infirmerie. J'attendais qu'on vienne me voir, j'avais dit que j'avais absolument besoin d'y aller. J'étais dans la salle d'attente, et j'ai dessiné les pendus, là. C'étaient les derniers jours avant la libération du camp. Il y avait du papier dans le bureau pour le prisonnier qui tenait les registres des arrivées. C'était le *Schreiber*[1], un statut privilégié pour un prisonnier. C'était un ami, il me donnait du papier que je gardais sous ma chemise...

Vous pouviez attraper le typhus...

Nous n'y pensions pas. Nous pensions simplement à la survie d'un jour à l'autre et à

1. Littéralement le scribe : le détenu qui jouait le rôle de secrétaire.

manger. Mais dessiner... Un peintre ne pouvait pas regarder tout ça, c'était si énorme, si énorme... On ne peut pas décrire aujourd'hui. Tous ces morts qui marchaient encore, qui s'écroulaient et qui essayaient de se soulever. Cette espèce de plaine de morts comme on voit la neige dans la montagne. Ces S.S. qui marchaient comme des dieux parmi nous. C'est vraiment impossible à décrire. Et puis l'odeur, c'est-à-dire l'odeur de la cheminée où on brûlait les morts. Toute cette atmosphère était indescriptible. Tout ça était tellement irréel mais semblait tellement normal.

ORGANISIEREN

Tout était tellement bien organisé, quand j'y repense. Ce principe de garder les gens prisonniers jusqu'à la mort... Comment pouvaient-ils espérer gagner la guerre et nous laisser mourir, tous, des dizaines de milliers ? Tenir et organiser un camp était pour eux une charge énorme. À quoi ça a servi ? Exterminer des hommes qui mouraient de faim. Ils auraient mieux fait d'aller au front, combattre.

On pouvait aussi écrire à sa famille, mais là encore il y avait une administration, des censeurs. Quelqu'un lisait tout ça et c'était une perte de temps pour tous ces gens qui devaient plutôt penser à se défendre. D'un côté on voulait nous maintenir vivants et de l'autre on nous exterminait. Et eux faisaient ça méthodiquement.

Mais la production ne devait pas être très efficace ?

La production n'était rien. Il y avait des sabotages dans la fabrication des pièces. Après, elles étaient contrôlées, mais on ne peut pas contrôler tout, des dizaines de milliers de choses. Un petit sabotage comme ça pouvait te coûter la vie, mais on s'amusait quand même !

C'était quoi, le menu ?

C'était une soupe. Avec un peu de chance, on pouvait trouver dedans un peu de carotte. Éventuellement, si l'on était ami avec celui qui servait, il pouvait plonger la louche plus profondément et trouver quelques carottes. S'il restait à la surface, on n'avait que de l'eau.

Et le soir, la même chose ?

Le soir, la même chose avec un petit morceau de pain, mélangé avec de la sciure de bois.

Les Polonais, ce sont eux qui commandaient plus ou moins à l'intérieur (voir note 4,

p. 130). Il y avait quand même une es... d'organisation. Une organisation dans le se... où on devait faire ça, on devait rester là, on devait laisser sa clé là, on avait sa place. Le bloc était divisé en une, deux, trois ou quatre sections. J'étais dans le bloc numéro deux, quatrième section. Chaque section avait un chef, qui dormait dans un petit coin qu'il s'était réservé et que personne ne pouvait occuper.

En hiver, il y avait du chauffage ?

Non, il n'y avait pas de chauffage. Mais dans une grande salle, quand il y a une centaine de personnes, ça chauffe tout seul. Non, on n'a jamais chauffé.

Il n'y avait même pas un poêle quelque part ?

Oui, il y avait au centre un poêle, mais c'était illusoire, il y avait une cheminée. Au centre il y avait aussi les toilettes. C'est-à-dire des toilettes, rondes, avec l'eau qui coulait pour se laver et autour des « closet », on dirait des « chiottes » en français. Et puis, à l'extérieur, il y avait des cadavres, tête-bêche. Il y en avait partout devant la baraque, comme du bois, comme des stères de bois. Et ils sont restés là tout l'hiver, congelés. C'était incroyable et tout à fait normal : une connivence avec les cadavres.

D'une manière ou d'une autre, on s'organisait.

Organisieren, c'était le mot clé [1]. On faisait des échanges contre un morceau de pain. Il y avait une espèce de savon fait de sable... de je ne sais quoi.

Celui qui ne savait pas s'« organiser » ?

Chaque petite chose qu'on faisait, on disait qu'on l'avait « organisée ». Si on volait, on disait qu'on avait « organisé ». Si on avait acheté, on avait « organisé ». Si on ne pouvait rien « organiser », si on n'avait rien à donner en échange, on mourait [2]. Mais donner quoi ? Ce qu'on a « organisé » ailleurs, d'une autre manière ?

Des cigarettes ?

Oui, des paquets qui arrivaient de l'extérieur, des Autrichiens, des Allemands. Mais tous les autres, les Russes, les Italiens, les Polonais, non. Il y avait également les « Kommandos » qui allaient travailler à l'extérieur, chez les paysans. Il y avait la possibilité d'entrer en

1. Voir le témoignage et le glossaire de David Rousset, *Les Jours de notre mort*, Paris, Le Pavois, 1947 : « *Organisieren* : l'expression la plus populaire dans les camps, qu'on pourrait traduire par "pratiquer le système D", et qui en fait signifie voler » (p. 773). Voir aussi Annette Wieviorka, *Déportation et génocide*, *op. cit.*, p. 490. L'*organisieren* était la réponse pathétique des détenus à l'organisation S.S. du camp.

2. Le mot « organiser » peut ici s'entendre au sens physiologique de vie organisée, d'organisme, ce qui s'oppose aux forces de la mort.

contact avec les gens dehors et de s'arranger pour avoir quelque chose. Hors du camp, les gens savaient ce qui se passait et nous aidaient avec un morceau de pain ou un saucisson, une pomme de terre. Ceux qui travaillaient dans les champs rentraient avec les poches pleines de pommes de terre. Mais c'étaient déjà des privilégiés. Tout ça circulait ensuite dans le camp, comme marchandise. Il n'y avait pas d'argent. Cela n'existait pas et n'aurait servi à rien.

Vous-même à l'usine, vous aviez des contacts avec l'extérieur ?

Non, nous étions rivés à la machine et nous n'avions aucun contact avec l'extérieur. Je ne suis jamais sorti.

Les « Kommandos » rapportaient des informations ?

Peu. Certains réussissaient à écouter la radio. On savait quand même ce qui se passait dehors. Surtout lorsqu'on a commencé à entendre les canons et les avions américains. Les commandants S.S. faisaient semblant de croire que rien ne se passait, alors que les Américains étaient à dix kilomètres du camp.

Il y a encore un survivant parmi ceux que vous avez connus ?

Oui, c'est un Slovène qui vit à Genève. Il s'appelle Ivo G. Nous avons été arrêtés en même temps à Venise, connu la même prison à Trieste et le même transport que j'ai évoqué. Au camp, nous étions toujours ensemble. Avant la guerre, sa famille possédait des immeubles à Ljubljana. Après la guerre, le régime communiste lui a tout confisqué et l'a jeté en prison, en l'accusant d'avoir été un agent au service des Anglais pendant la guerre. Donc d'avoir eu des menées antirévolutionnaires. Il a passé seize mois en prison, puis a réussi à passer en Suisse. Aujourd'hui, il tente de reconquérir ses biens en Slovénie [1].

Pendant la quarantaine, comment se faisait la sélection entre ceux qui travailleraient et les autres ?

Pendant la quarantaine, on ne nous sélectionnait pas encore. On restait entre les baraques, sans rien faire. La sélection a été dure. Il y avait de pauvres diables qui ne pouvaient presque pas parler allemand. Moi je le parlais et ça m'a sauvé, car j'étais quelqu'un qui pouvait travailler, qui avait encore un sens à vivre, qui pouvait parler, qui n'était pas là allongé par terre en train de mourir.

Travailler était une discipline. Le matin je me levais toujours une demi-heure avant que la

1. Music oublie de dire que lui-même, à sa libération de Dachau, fut emprisonné à Gorizia par le régime yougoslave pour les mêmes raisons, réussit à franchir la frontière, caché dans un camion des messageries, pour être, à Venise, arrêté par la police italienne et à nouveau enfermé pour… désertion. Il fallut une bonne semaine pour le libérer.

sirène ne sonne. Pour me laver avec un seau d'eau. La sirène sonnait à cinq heures. On cherchait à se tenir propre. Je me rasais avec un petit morceau de miroir que je ne savais jamais où poser. Alors je le posais sur la tête ou le pied d'un cadavre. C'était un non-sens. Quand l'épidémie de typhus s'est propagée, il y a eu des cadavres partout, jusque dans le *Waschraum*. Ils étaient disposés sous les fenêtres comme un bûcher.

Puis on mangeait sa soupe. On nous emmenait à l'usine. On était obligé de fabriquer deux mille pièces par jour. C'était un but chaque jour de se tenir debout. Les autres qui n'avaient pas été sélectionnés, qui se sont abandonnés complètement, sans manger, sans rien, sans but, devenaient vite des morts vivants [1].

L'ÉCOLE DE DACHAU

Vous dites vous-même que vous appartenez à une famille. Goya, Schiele, Kokoschka...

Oui. C'est prétentieux. Une famille spirituelle. C'est-à-dire où la peinture est l'expres-

1. Ceux qu'on appelait les « musulmans » à Auschwitz, les « *Kretiner* » à Dachau.

sion du dedans, pas du dehors. Il y a des choses visuelles, et il y a des choses que l'on sent et que l'on peut faire même les yeux fermés. On s'exprime soi-même. Il est difficile de parler. La peinture, je crois, ne devrait pas être une chose du visible. C'est-à-dire dans le sens d'exprimer ce que l'on voit, des yeux. Mais elle devrait être l'expression de ce qu'on l'on porte en soi, les yeux fermés.

Un paysage intérieur ?

Oui, paysage intérieur. C'est peut-être le mot. Mais ce n'est pas une chose que l'on veut, c'est quelque chose que l'on sent d'une manière ou d'une autre. De toute façon, ce sont des choses archiconnues, dites mille fois.

Peintre à Dachau, de quelle école vous sentiez-vous le plus proche ?

Goya pour moi c'est le plus grand. Rembrandt ensuite [1]. On parlait d'expressionnisme. Dans la peinture française, on a l'impression de peindre la lumière. Mais Kokoschka rentre

1. La bibliothèque du camp, composée pour l'essentiel d'ouvrages confisqués aux déportés, comportait un petit livre du début du siècle, *Rembrandt. Handzeichnungen*, qui porte l'indication de l'éditeur, Insel Verlag zu Leipzig, et le timbre du camp, « Lager Bücherei ». Le livre est aujourd'hui dans la bibliothèque de Music, qui l'a gardé avec lui en 1945 (*Trieste/1997*, p. 44).

dans la personne. Ce n'est pas simplement la peinture pour faire une belle toile, mais pour exprimer ce qu'est une personne, en elle-même. De ça, je me sens plus proche. C'est difficile à expliquer.

Mais à Dachau, vous pensiez à Goya, à Kokoschka ?

Je n'y ai pas pensé. Il est normal que tu penses plus à la peinture intérieure qu'à la vision extérieure. Tu portes ça en toi, dedans, pour toujours, cette misère que tu as vue.

Vous parlez souvent de « paysage de cadavres »...

Oui, cela devenait un paysage car lorsqu'on voyait des centaines, des milliers de cadavres, c'était une chose qu'on ne pouvait décrire. Un peintre s'exprime comme ça, il voit un paysage.

Un paysage ? Comme dans l'impressionnisme ?

Non, l'impressionnisme voyait des couchers de soleil, de belles couleurs. Là, c'était une réalité terrible. Je dis que c'était un paysage, mais ce n'est pas une bonne expression. Je dis « paysage » pour exprimer quelque chose de terrible. Si je dis paysage, je pense à des cadavres...

Votre connaissance de l'expressionnisme allemand ?

C'était tellement énorme. On était assis derrière une baraque comme ça. On était là et tout autour les morts ! Et puis, tout à coup, au-dessus des morts, commençait à bouger quelque chose… on regardait… et tout à coup on voyait un bras, une jambe qui sortait, qui essayait de se débarrasser des autres corps qui gisaient sur lui, et qui vous regardait sans rien comprendre, comme un fou… C'était quelqu'un qui était considéré comme mort, et qui était resté sous les cadavres, on ne sait combien de temps et, tout d'un coup, il se retrouvait dans notre monde. Nu comme tous les autres, et il se rendait compte et commençait à courir et sauter ! Et nous, on le regardait et on riait parce que c'était quand même quelque chose de comique. Oui, on était dans le même état que lui ! Et puis il commençait à sauter sur un pied, une jambe seulement, car il y avait quelque chose qui le gênait à l'autre pied. Il avait le petit carton sur l'orteil avec son numéro matricule, déclaré mort ! Et ça le gênait. Alors on s'est demandé : s' il est déclaré officiellement mort, son numéro sur le carton le désignant comme mort, qui va lui donner à manger demain ? Il n'appartenait plus à aucun *Block*, à aucune baraque, à personne, à rien. Alors, où pourrait-il trouver à manger ? Il n'existait plus pour notre monde. On ne sait pas ce qui lui est arrivé. Il a certainement dû courir de bloc en bloc, de baraque en baraque.

On a pu le cacher ?

Mais qui ? Tout le monde était hostile. On dressait les uns contre les autres.

Il y avait des scènes comme ça. C'était l'administration. Si quelqu'un était déclaré mort, il restait mort, même s'il était vivant.

Qu'est-ce qui vous frappait le plus dans les cadavres ? Vous parlez de leur couleur...

Tout était mélangé, comme de la neige vue de loin.

Après la libération, les Américains ont convoqué tous les habitants de Dachau. C'est à ce moment-là qu'ils ont compris ce qui s'était passé. Ce sont eux qui ont été obligés, les gens, les paysans, les enfants, les garçons, les femmes, de charger les cadavres sur les chariots et de les porter dans les fosses. Avant, la population ignorait peut-être ce qui se passait. Même l'odeur des fours... C'est la population de Dachau qui a été obligée de sortir tous les cadavres. Tu voyais quelqu'un qui portait une jambe sur l'épaule. C'était vraiment un spectacle hallucinant. Je crois qu'il n'y a pas eu une époque où on aurait pu voir des scènes de ce genre. Surtout, c'était quotidien, ça se passait tout le temps et ça ne nous touchait pas, parce qu'on était presque dans le même état. On savait bien que le lendemain on pouvait à son tour être un cadavre.

Quand vous avez intitulé la série des premiers tableaux sur les camps : « Nous ne sommes pas les derniers », ça voulait dire que ça allait recommencer ?

Non. Quand je suis rentré, je n'ai pas commencé tout de suite. C'est après que cela a travaillé et commencé à sortir. Quand la guerre a éclaté de nouveau, en Corée, en Algérie, un peu partout, à ce moment-là je me suis dit : « nous, nous n'étions pas les derniers », ça recommence. C'est pour ça que j'ai donné le titre : « Nous ne sommes pas les derniers ». « Nous n'étions pas les derniers » peut-être, aurais-je dû dire. Le titre peut-être n'est pas bon. On croyait qu'une chose pareille ne pourrait jamais se passer à nouveau. Mais dix ans plus tard ou quinze, on voyait de nouveau la même chose partout [1].

1. Dans *Trieste/1997*, Music est plus précis : « Quand nous allions au travail, on passait devant le crématoire et devant la cheminée, qui fumait toujours, et l'ami tchèque disait toujours que nous aussi nous passerions par là (par la cheminée, pour sortir du camp). On se disait que jamais plus des choses pareilles pourraient arriver, que nous étions les derniers à avoir vécu de telles choses. Après tant d'années, j'ai vu que nous n'étions pas les derniers… » (p. 43).

Je reviens aux cadavres. Il y a la couleur, blanche, bleue, la neige. Il y a aussi la forme : il y en a qui sont grands, il y en a qui sont petits. Mais dans la mort ils sont tous pareils...

Oui, mais ça devient un squelette. Ce n'est rien d'autre. Un cadavre n'a plus de chair. Les membres deviennent très importants, évidents.

Où placez-vous ces dessins dans votre travail aujourd'hui ?

Je crois que c'est une chose essentielle. Au fond, dans un certain sens, je crois que ça continue dans ma peinture.

Mais, en même temps, vous vous refusez à ce qu'on les considère comme des souvenirs ?

J'ai fait ce que j'ai vécu intérieurement. Après, il y eu d'autres choses, des paysages du Karst, derrière Trieste, qui sont comme un désert de cadavres, de rochers.

Vous me rappeliez hier le portail d'entrée de Dachau, avec la devise Arbeit macht frei, *« Le travail rend libre ».*

Oui, tous les matins, on le voyait. Le vrai camp de prisonniers était à l'intérieur du grand camp où se trouvaient les usines. Il était bien clos, surveillé avec les fils de fer barbelés, des tours, des sentinelles, des mitrailleuses tous les quinze mètres. Tout ça se trouvait dans le grand camp où il y avait les usines. Tous les matins, on sortait sur l'*Appellplatz*. On réunissait les équipes qui allaient dans les différentes usines et on quittait le camp intérieur. À chaque fois qu'une équipe sortait, la grande porte en fer s'ouvrait. Le Kapo était au rapport. « Tant de prisonniers... qui vont travailler à tel endroit. » Alors on sortait et la porte derrière, qui pesait très lourd, se refermait en attendant une autre équipe qui allait dans une autre usine. On marchait et on devait lever la chapka pour saluer la sentinelle ou le chef qui était à la porte. Et tous les soirs, on rentrait et on revoyait l'inscription « Le travail rend libre ». On se rangeait de nouveau sur l'*Appellplatz* où tout le camp se réunissait, pendant deux heures, quelquefois sous la pluie, le soleil, la neige. On était une vingtaine de mille dans le camp. Tous ces uniformes, tous ces hurlements de tous ces Kapos. C'était la musique quotidienne.

J'ai remarqué que sur certains des cadavres que vous avez dessinés, certains ont des matricules.

Oui. Quand on pendait quelqu'un, on mettait son matricule sur la poitrine. Mais de toute façon on mettait toujours un petit carton avec le numéro au doigt de pied.

Le tatouage intervenait seulement pour les gens qui étaient condamnés à être pendus ?

Oui, mais à Dachau, on ne tatouait pas. Il n'y avait que ces matricules écrits à l'encre.

On voit pourtant certains numéros tatoués sur les bras dans quelques dessins...

Oui. C'était alors sans doute des déportés d'Auschwitz transférés à Dachau.

Dans un dessin, on voit aussi une petite charrette dans le fond, moins grosse que les chariots.

Il n'y avait jamais assez de moyens pour le transport des cadavres. Ils employaient n'importe quoi. Même quelque chose qui n'avait plus qu'une roue pouvait charger trois, quatre corps.

C'était une ville de morts. La seule distinction entre les vivants et les morts était que les cadavres vivants restaient habillés et dès que ce cadavre ne pouvait plus se tenir sur ses pieds, on lui enlevait son pantalon, sa veste, et son numéro. Le numéro était reporté sur un petit carton lié au doigt de pied. L'administration était parfaite dans le camp. On le jetait sur la montagne de cadavres et on le rayait de la liste, pour ne plus lui donner de soupe [1].

1. Voir p. 149 : « Si quelqu'un était déclaré mort, il restait mort, même s'il était vivant. »

On peut se demander à quoi servait ce petit carton.

Ça ne servait à rien, mais l'administration du camp était parfaite. Tout comme il y avait la mise à jour rigoureuse du registre des prisonniers, ils tenaient bien en ordre tous les morts. L'administration dans sa comptabilité était parfaite. Au camp, tout fonctionnait parfaitement, sauf qu'ils ne savaient pas comment se débarrasser des morts, sinon en les brûlant à mesure.

Il y avait un registre des morts ?

Dans le *Block*, quand il y avait un mort, on lui mettait cette petite carte de visite (*rires*) sur le doigt. Ça n'avait aucun sens. Mais l'ordre — un *muss sein* — doit être. Il y avait tellement d'absurdité, de non-sens. Par exemple, on était pétrifié devant un S.S. qui se trouvait dehors pour une raison ou une autre. On était pétrifié et on s'arrêtait sans le vouloir pour enlever notre casquette. Il était interdit de dire « Bonjour ! ».

On avait le droit de les regarder ?

Non. On ne devait pas les regarder dans les yeux. On les saluait comme ça, en détournant les yeux. Chaque S.S. était un dieu, qui allait peut-être de l'autre côté du camp vers une baraque isolée qui était le bordel pour les S.S.

et Kapos seulement. Mais on n'a jamais vu une femme. Tout fonctionnait bien dans le camp. Absolument tout. Les fumées du crématoire fonctionnaient à merveille, jour et nuit des fumées montaient.

Encore une fois, les habitants de Dachau ne pouvaient pas ne pas savoir.

Oui, naturellement. La ville était à côté. Je n'y suis jamais allé. Mais on m'a dit que c'était un joli village avec des bâtiments anciens, historiques.

Quand vous avez repris ces motifs en 1972, qu'est-ce qui vous y a poussé ?

Quand je suis revenu, en 1945, c'était trop frais pour sortir[1]. Sur le moment, j'ai dessiné ce que j'ai vu. Puis j'ai cherché à oublier ce que j'avais vu. Mais en dessous, ça travaillait. Après une dizaine d'années, tout ce qu'on a souffert, vu et ce à quoi on a participé, ressort[2]. Toutes ces toiles ne pouvaient pas rester cachées. C'est là que j'ai commencé à peindre. On ne peut pas appeler cela « souvenirs ». Ce

1. Music dit ici « frais » comme il le dit ailleurs d'un enduit trop frais pour permettre encore la peinture. Seul le dessin, pris sur le vif, peut s'inscrire dans l'enduit frais de la vision.

2. Music utilise le même verbe qui lui sert à décrire la réapparition des ossements dans le ciment des fondations.

que j'avais dedans devait ressortir. Le déclic a été les événements dans le monde qui ont commencé à se répéter un peu partout, les guerres, les massacres.

Vous aviez déjà eu un exemple de cela à la libération du camp avec cette femme de sénateur américain qui avait fait trancher le doigt d'un Allemand pour récupérer sa bague. Vous aviez déjà compris que l'horreur et la cruauté se répétaient.

Oui. Elle a fait ça sur un cadavre dont elle a fait couper le doigt et ensuite a bien essuyé la bague. Je me souviens de cette bague avec une belle pierre verte. C'était un pauvre jeune S.S. qui se trouvait dans le mirador et à qui on avait donné l'ordre de tirer sur nous. Il n'a d'ailleurs jamais eu l'occasion de tirer, car nous n'avons pas essayé de fuir. Mais les Américains, quand ils sont arrivés, ont « descendu » tous ceux qui étaient dans les miradors. Je me suis aperçu alors que c'était un jeune garçon, seize ou dix-sept ans maximum. En uniforme de S.S. naturellement. Les dernières années de guerre, les Allemands n'avaient presque plus de soldats. Pour le travail de ce genre, ils avaient enrôlé des jeunes gens, presque des adolescents. Les pauvres avaient parfois peur de nous. Mais comme ils avaient peur aussi des S.S., ils devaient nous traiter selon la règle des camps. C'était d'une absurdité totale [1].

Il y a eu la curiosité ensuite, lorsque tous les sénateurs sont venus nous visiter, avec leurs épouses. Ils avaient peur d'entrer dans les baraques, peur des insectes. Ils sont venus nous voir comme un spectacle. Et ces Américaines, ces dames-là, qui nous regardaient ou nous photographiaient comme des bêtes curieuses, n'osant pas nous donner la main ou nous toucher.

On était toujours habillé pareil. Avec des habits rayés. Quand nous sommes arrivés dans le camp, les Allemands avaient récupéré nos affaires pour les distribuer à leurs réfugiés qui en avaient besoin. Ils les ont mises dans un sac avec nos noms. Des dizaines, des centaines, des milliers de prisonniers. On ne nous les a jamais rendues. Tout était bien enregistré, comptabilisé. Mais à la fin c'était un chaos complet. Pendant que les avions américains volaient déjà au-dessus du camp, les Allemands prenaient encore le temps de nous

1. Le pacifisme absolu de Music et le sentiment inaltérable d'une piété envers les vivants comme envers les morts semblent lui interdire une animosité envers ces très jeunes recrues que furent les troupes auxiliaires de la Waffen S.S., enrôlées à la fin de la guerre, et qui souvent furent les premières victimes d'une justice sommaire, alors que leurs chefs avaient fui.

raser et de faire le « chemin ». L'ordre devait être respecté, jusqu'à la dernière minute.

Tout était absolument réglé, parfait. La comptabilité. Mais tout était illusoire, fictif. Comme un jeu de fiction. Et pourtant tout fonctionnait, en un certain sens, bien sûr.

Une fois, un Russe s'est jeté sur les barbelés électrifiés. Foudroyé, il est resté là. Il n'était pas écrit dans les règlements du camp ce qu'il fallait faire en pareille occasion. Ce n'était pas prévu. Il s'était suicidé et donc il est resté là pendant plusieurs jours.

LE BEAU, SEUIL DU TERRIBLE

Vous ne semblez pas, toutes ces années, avoir éprouvé de la haine ou du mépris...

Non. Je ne le pouvais pas. J'étais heureux dans ce monde fou d'avoir un sujet pour dessiner. J'étais pris comme d'une fièvre de pouvoir exprimer tout ce que je voyais. Mais quand même, je me demande, comment ai-je pu dessiner si bien ?

Ce qui était important, c'était de dessiner tous ces doigts, mais pas d'une manière « maniérée » comme aurait fait un Cocteau ou comme faisait Picasso souvent. Non, c'étaient des choses merveilleuses, les doigts, la forme du visage. C'était inouï. Ce n'était pas une chose artificielle. Tous les petits détails. Je n'ose pas dire, je ne devrais pas le dire, mais pour un peintre, c'était d'une beauté incroyable. On ne devrait peut-être pas dire ça, mais...

Qu'est-ce qui était beau ?

Beau, parce qu'on a senti toute cette douleur en dedans. Tout ce que ces gens ont souffert. C'était terrible, et pourtant...

Vous aviez envie de faire quelque chose de beau ?

Non. J'avais envie de faire quelque chose de précis. De précis. Celui qui est mort comme ça a souffert jusqu'à la dernière seconde. Ça se voyait à la forme des doigts pourquoi il est mort, la souffrance qu'il a portée jusqu'à la mort. Ça se voyait dans le cadavre. Ce n'était pas quelqu'un qui était mort comme ça. Il était mort dans une souffrance extrême et ça se voyait dans tous les gestes, dans toutes les positions de son corps.

Il y a certaines choses qu'on ne peut pas exprimer.

Mais qu'on peut dessiner ?

Je voulais, j'aurais voulu exprimer ça dans ce sens. Pas de dessiner comme ça des cadavres, des tas de cadavres. Il faut *voir* pourquoi les yeux sont comme ça. Comment il est mort. Et puis toutes ces couleurs, blanc, bleuâtre… Je dessinais tout ça parce que j'étais peintre. C'était une nécessité intérieure. De toute façon, je n'aurais pas pu faire moins. J'étais peintre. Je suis un peintre. Ce n'est pas que je voulais témoigner. Mais la chose était tellement énorme. Je n'ose pas employer le mot d'énorme. Monumental, d'une beauté atroce, terrible. Quelque chose d'incroyablement, d'énormément tragique, d'incompréhensible, pouvoir assister à un paysage de mort, un paysage de ce genre-là. Alors, un peintre, qu'est-ce qu'il peut faire ? Il y a les détails, de toutes ces mains, de toutes ces têtes, toutes ces bouches ouvertes, tous ces milliers de squelettes, ces milliers de corps, jetés à gauche, à droite, je ne trouve pas les mots…

Un peintre ne peut pas rester — même s'il était dans le danger terrible d'être découvert —, il ne peut pas, je ne dis pas témoigner, pas du tout ! Mais c'était une nécessité absolue, une nécessité de… Je ne sais pas comment dire… De reproduire, de représenter, de montrer ça, de garder ça pour la suite. Parce que tu ne savais pas si tu sortirais de cet univers-là. C'était non seulement hallucinant, mais c'était quelque chose que tu ne pouvais pas imaginer. J'étais déjà parmi eux, parmi ces cadavres, comme eux !

Sans savoir si ces dessins seraient un jour connus ?
Non, on ne pouvait pas savoir, puisque l'on était déjà dans le même état qu'eux, les cadavres. On attendait. On s'attendait demain à être à la place de tous ces cadavres, autour.

ENSEVELIR LES MORTS

À Zagreb, vous aviez déjà dessiné des cadavres…
Oui, mais c'était à l'Institut d'anatomie, comme tous les étudiants qui dessinent à l'Institut de médecine. Cela n'a rien à voir.

Mais vous aviez eu cette expérience du cadavre.
Un peintre peut dessiner n'importe quoi. Plus ou moins, plus ou moins bien. Mais quand il voit un paysage de morts, c'est quand même différent du dessin d'une jambe, à l'Institut de médecine. Là, c'est comme une nature morte. Mais au camp, c'était comme un paysage, une forêt de cadavres. Une forêt vierge, si l'on peut dire. On ne peut pas décrire, on ne peut pas imaginer. Ce sont des choses hallucinantes, irréelles.

D'un autre côté, après un certain temps, on devient habitué à cela. Tout devient normal. On ne pense à rien d'autre qu'à l'estomac, qui a faim.

Mais dessiner, j'avais là une irrésistible, une absolue nécessité de le faire. À l'infirmerie ou ailleurs, je volais des morceaux de papier et puis je dessinais en cachette. Je me souviens que je faisais semblant d'être mort, allongé là parmi les cadavres que je dessinais. Partout il y avait des S.S. qui surveillaient. Je faisais semblant d'être mort, immobile, pour ne pas déranger le silence et le calme du paysage.

Vous disiez hier combien vous regrettiez d'avoir perdu une centaine de ces dessins.

Oui, c'est pour moi la perte la plus terrible, celle qui m'a le plus touché. C'est comme perdre un trésor, quelque chose que tu portais en toi, qui était ta vie.

On s'attache à des souvenirs heureux. Peut-on s'attacher à des souvenirs horribles ?

Ce sont ces paysages-là que j'ai toujours devant moi. Blancs comme la neige sur les montagnes. Le blanc, c'était la couleur des cadavres. Une espèce de bleu pâle, presque blanc. Comme il n'y avait presque plus de chair, c'était comme les structures d'un paysage de montagne.

Et puis, l'incroyable, tu marchais, tu enjambais ces corps. On était obligé de rester toute la journée dehors. À midi, déjà presque un cadavre soi-même, on tenait un bol, une gamelle, et on cherchait un lieu où s'asseoir, car la boue était partout. Finalement, on s'asseyait sur un cadavre. On posait le morceau de pain sur la tête du cadavre. C'était ça la vision hallucinante. Mais ça devenait tout à fait normal ; une chose quotidienne, à laquelle on ne pensait plus.

En hiver. Mais en été ?

En été, c'était un peu difficile, à cause de l'odeur. À côté du crématoire, où la montagne s'était accumulée, c'était irrespirable. On sentait l'odeur matin et soir quand on rentrait de l'usine, qui était juste derrière le crématoire.

L'usine était loin du camp ?

Non, elle n'était pas loin. Pour s'évader, on devait passer les frontières de barbelés. Un jour, quelqu'un s'est échappé. Mais il a été rattrapé, dehors, par des paysans. Eux, c'était le deuxième obstacle. On l'a ramené, et on lui a mis au cou une pancarte, *Hourrah ! Ich bin wieder da*, « je suis de nouveau là ».

Il a été pendu ?

Non, je ne sais pas [1]. Mais j'en ai vu, et dessiné, des pendus. C'était dans les cas de sabotage. On rassemblait tout le monde.

Quand vous êtes rentré de captivité, en 1945, vous n'avez pas été tenté, tout de suite, de faire des peintures ?

Non. Ce n'était pas possible. On avait besoin d'oublier certaines choses. Je suis retourné en arrière, dans mon enfance. J'ai toujours rêvé des paysages où j'ai vécu, des paysages dalmates. C'est alors que sont sortis les petits chevaux, les paysages rocheux, les déserts, le Carso. Ce désert du Karst s'est tout à coup mélangé avec le désert des cadavres. Dans le Carso, qu'est-ce qu'il y a ? Des herbes, des rochers, disséminés dans la plaine énorme. Au fond, on a une vision qui ne s'arrête pas à un détail, mais qui rassemble tout ce qui est épars. Je sais que les gens ne peuvent pas comprendre, qu'ils doivent trouver absurde que je parle de « paysage de cadavres », parce que les cadavres, c'est ce qu'on ne voit justement jamais.

Quand quelqu'un meurt, on le cache.

1. Joseph Rovan rapporte le même récit dans ses Mémoires (« De retour », *op. cit.*, p. 143 sq.).

LÉGENDES ET CRÉDITS

Pages 31, 53, 57, 81 : sanguine sur papier 21 × 30, collection particulière.

Page 65 : sépia sur papier, 30 × 21, collection particulière, photo © Béatrice Hatala.

Page 97 : encre sur papier, 21 × 29,7, Kunstmuseum, Bâle, photo © Béatrice Hatala.

Page 107 : encre sur papier, 42 × 30, collection particulière.

BIBLIOGRAPHIE ESSENTIELLE

Sur Music :

Giuseppe Mazzariol, *Music*, Milan, Electa, 1980.

Jean Clair (sous la dir. de), *L'Œuvre graphique de Zoran Music*, Paris, Centre Georges-Pompidou, 1988.

Paolo Levi, *Dialogo con l'autoritratto*, Milan, Electa, 1992.

Jean Clair (sous la dir. de), *Zoran Music. Rétrospective*, Paris, Galeries nationales du Grand Palais, Réunion des musées nationaux, 1995 (avec des textes de Peter Handke et de Jorge Semprun).

Sabine Schulze (sous la dir. de), *Zoran Music*, Francfort, Schirn Kunsthalle, Hatje, 1997 (avec des textes de Sabine Schulze et de Werner Spies).

Sur Dachau :

Marcus J. Smith, *The Harrowing of Hell. Dachau*, Albuquerque, The University of New Mexico Press, 1972.

G. Melodia, *Gli Italiani nel Lager di Dachau*, Milan, Mursia, 1979.
Zoran Music, « Biographie », *La Nouvelle Revue française*, n° 340, mai 1981.
Joseph Rovan, *Contes de Dachau*, Paris, Julliard, 1987.
Raul Hilberg, *La Destruction des Juifs d'Europe*, Paris, Fayard, 1988.
F. Amodeo *et alii*, *Music testimone a Dachau*, Trieste, Civici Musei di Storia ed Arte, 1997.

ONZE CHANSONS PUÉRILES, L'Échoppe, 1991.

ÉLEVAGE DE POUSSIÈRE : BEAUBOURG VINGT ANS APRÈS, L'Échoppe, 1992.

LE NEZ DE GIACOMETTI. FACES DE CARÊME, FIGURES DE CARNAVAL, Gallimard, 1992.

ÉLOGE DU VISIBLE : FONDEMENTS IMAGINAIRES DE LA SCIENCE, Gallimard, 1996.

MALINCONIA. MOTIFS SATURNIENS DANS L'ART DE L'ENTRE-DEUX-GUERRES, Gallimard, 1996.

LES MÉTAMORPHOSES D'ÉROS : ESSAI SUR BALTHUS, Réunion des musées nationaux, 1996.

SAM SZAFRAN, Skira, 1996.

LA RESPONSABILITÉ DE L'ARTISTE : LES AVANT-GARDES ENTRE TERREUR ET RAISON, Gallimard, 1997.

CINQ NOTES SUR L'ŒUVRE DE LOUISE BOURGEOIS, L'Échoppe, 1999.

SUR MARCEL DUCHAMP ET LA FIN DE L'ART, Collection « Art et artistes », Gallimard, 2000.

Directeur d'ouvrage

LES MACHINES CÉLIBATAIRES, Alfieri, 1975.

MARCEL DUCHAMP : CATALOGUE RAISONNÉ DE L'ŒUVRE, Centre Georges Pompidou, Paris, 1977.

LES RÉALISMES ENTRE RÉVOLUTION ET RÉACTION, 1919-1989, Centre Georges Pompidou et Prestel Verlag (Munich), 1981.

BONNARD, Centre Georges Pompidou et Thames & Hudson (Londres), 1984.

BALTHUS, Centre Georges Pompidou et Schirmer Mosel Verlag (Munich), 1984.

VIENNE : L'APOCALYPSE JOYEUSE, Centre Georges Pompidou, 1986.

LES ANNÉES 20 : L'ÂGE DES MÉTROPOLES, Gallimard, 1991.

L'ÂME AU CORPS : ART ET SCIENCES, 1793-1993, Réunion des musées nationaux-Gallimard/Electa, 1993.

PARADIS PERDUS : L'EUROPE SYMBOLISTE, musée des Beaux-Arts de Montréal-Flammarion, 1995.

IDENTITÀ E ALTERITÀ : FIGURE DEL CORPO, 1895-1995, Marsilio (Venise), 1995.

PICASSO 1917-1924 : LE VOYAGE D'ITALIE, Gallimard et Bompiani (Milan), 1998.

COSMOS : DU ROMANTISME À L'AVANT-GARDE, 1801-2001, musée des Beaux-Arts de Montréal-Gallimard, 1999.

BALTHUS : CATALOGUE RAISONNÉ DE L'ŒUVRE COMPLET, par Virginie Monnier, Gallimard, 1999.

Achevé d'imprimer
sur Roto-Page
par l'Imprimerie Floch
à Mayenne, le 5 février 2001.
Dépôt légal : février 2001.
Numéro d'imprimeur : 50136.

ISBN 2-07-076094-4 / Imprimé en France.

99004